카드뉴스, 유튜브 쇼츠, 홍보 배너, PPT 템플릿을 한 번에!

미리캔버스로 완성하는 콘텐츠 디자인

머리말

최근 디지털 기술의 발달과 소셜 미디어의 등장으로 평범한 사람도 자신을 알리고 홍보할 수 있게 되면서 '퍼스널 브랜딩'은 선택이 아닌 필수가 되었습니다. 특히 콘텐츠를 만들어서 공유하는 것은 퍼스널 브랜딩의 핵심 도구로 일상 브이로그를 편집해 유튜브에 업로드하거나, 제품 홍보 광고물을 만들어 SNS에 게시하는 등 개인이 제작한 콘텐츠를 다양한 플랫폼에서 확인할 수 있습니다.

이렇게 콘텐츠가 넘쳐나는 시대에 콘텐츠로 사람들의 시선을 사로잡기 위해서는 매력적인 디자인이 필요합니다. 하지만 포토샵이나 일러스트레이터와 같은 디자인 전용 프로그램을 다루는 것에 부담을 느껴 콘텐츠 제작을 포기하는 사람들이 많이 있습니다. 또, 디자인 감각이 부족해 색상이나 글꼴을 선택하는 것에 어려움을 느끼는 사람들도 있습니다.

미리캔버스를 활용하면 이와 같은 어려움을 모두 해결할 수 있습니다. 미리캔버스는 별도의 프로그램 설치 없이 웹에서 디자인 작업이 가능한 플랫폼입니다. 디자이너들이 만든 수만 장의 템플릿이 무료로 제공되기 때문에 저작권 걱정 없이 템플릿을 마음대로 수정하거나 편집할 수 있습니다.

인터페이스가 복잡하지 않고 직관적이기 때문에 초보자도 쉽고 간단하게 섬네일, 카드뉴스, 포스터 등의 다양한 콘텐츠를 만들 수 있으며, 미리캔버스의 AI 기능을 활용하면 간단한 명령으로 원하는 디자인을 구현해 낼 수 있습니다.

이 책은 미리캔버스 디자인 가이드북으로 다양한 예제를 통해 여러 가지 콘텐츠의 디자인 방법을 반복 훈련합니다. 책을 보는 분들이 각자의 목적에 맞게 실습할 수 있도록 예제의 카테고리를 크게 'SNS 콘텐츠', '자영업자와 직장인을 위한 콘텐츠', '수업할 때 유용한 콘텐츠'로 나눠 놓았습니다.

책의 예제를 따라 하다 보면 유튜버, 인플루언서, 소상공인, 교사, 직장인 등 디자인이 필요한 모든 분들이 원하는 콘텐츠를 뚝딱 만들 수 있게 될 것입니다. 또한 자기 PR 시대에 맞춰 미리캔버스를 퍼스널 브랜딩 도구로도 사용할 수 있습니다.

미리캔버스로 나만의 개성과 창의성을 담은 콘텐츠를 만들어 보세요. 미리캔버스와 함께 한다면 여러분의 아이디어와 센스가 빛을 발할 수 있을 것입니다.

상권쌤

본 도서의 저자는 미리캔버스를 대표하는 공식 교사 앰배서더로 선정되었습니다. 미리캔버스 교사 앰배서더는 미리캔버스를 활용한 수업 사례와 미리캔버스로 만든 교육 자료를 공유하고, 미리캔버스 교사 커뮤니티에 참여하는 등의 활동을 합니다.

목차

Chapter 01 · 미리캔버스 알아보기 … 012

Step 01　미리캔버스란? … 014
　저작권 걱정 없는 디자인 플랫폼, 미리캔버스 … 014
　미리캔버스 특징 알아보기 … 016
　미리캔버스 저작권 알아보기 … 020
　미리캔버스 요금제 알아보기 … 022
　미리캔버스 모바일 & 태블릿 앱 알아보기 … 023

Step 02　미리캔버스 시작하기 … 024
　미리캔버스 회원가입하기 … 024
　미리캔버스 Pro 요금제 무료 사용 방법 … 026
　미리캔버스 워크스페이스 살펴보기 … 028
　미리캔버스 디자인 만들기 … 031
　미리캔버스 작업 화면 살펴보기 … 032

Chapter 02 · 미리캔버스 사용하기 … 034

Step 01　템플릿 사용하기 … 036
　템플릿 선택한 후 작업 화면에 적용하기 … 036
　템플릿 수정하기 … 039
　작업 내용 다운로드하기 … 043

Step 02　템플릿 디자인하기 … 045
　요소 메뉴 살펴보기 … 045
　요소 기능 활용하기 … 049
　사진 기능 활용하기 … 052
　업로드 기능 활용하기 … 054
　테마 기능 활용하기 … 055

목차

| Step 03 | AI 기능 활용하기 | **056** |

미리캔버스의 AI 기능 056
AI 프레젠테이션 기능 057
AI 라이팅 기능 060
AI 도구 기능 061
AI 사진 편집 기능 063

Chapter 03 쉽고 간단한 SNS 콘텐츠 만들기 **066**

| Step 01 | 카드뉴스 만들기 | **068** |

카드뉴스란? 069
템플릿을 활용한 카드뉴스 만들기 070
다른 템플릿을 응용해 카드뉴스 디자인하기 071
텍스트 스타일 활용하기 073
직접 텍스트 스타일 설정하기 074
텍스트에 입체감 주기 076
템플릿과 어울리는 디자인 요소 추가하기 078

| Step 02 | 유튜브 섬네일 만들기 | **080** |

섬네일이란? 081
플랫폼별 섬네일 사이즈 082
마음에 드는 템플릿 골라 수정하기 083
유튜브 섬네일 배경 만들기 084

| Step 03 | 유튜브 채널아트 만들기 | **088** |

채널아트란? 089
유튜브 채널아트 사이즈 089
채널아트 쉽고 빠르게 만들기 090

Step 04 움직이는 GIF 이미지 만들기 — 092
- GIF 이미지란? — 093
- 콘텐츠에 생동감을 더해 주는 GIF 이미지 — 094
- 미리캔버스의 애니메이션 기능 — 094
- 애니메이션 적용하기 — 095
- 애니메이션 재생 시간 조절 후 GIF 파일로 다운로드하기 — 097

Step 05 인트로 동영상 만들기 — 098
- 인트로란? — 099
- 템플릿을 활용한 인트로 동영상 만들기 — 099
- 오디오 기능을 활용해 인트로 완성하기 — 102
- 동영상 파일로 다운로드하기 — 104

Step 06 유튜브 쇼츠 만들기 — 105
- 숏폼이란? — 106
- 템플릿을 활용한 유튜브 쇼츠 만들기 — 107
- 애니메이션 요소로 쇼츠 꾸미기 — 112
- 동영상 파일로 다운로드하기 — 113

Step 07 나만의 아바타 만들기 — 114
- 레이어란? — 115
- 레이어 기능을 활용한 아바타 만들기 — 116
- 투명한 배경의 이미지 파일로 다운로드하기 — 121

Chapter 04 자영업자와 직장인을 위한 콘텐츠 만들기 — 122

Step 01 나만의 로고와 명함 만들기 — 124
- 로고란? — 125
- 로고의 종류 — 126
- 템플릿을 활용한 로고 만들기 — 128
- 로고와 템플릿을 활용해 명함 만들기 — 130

목차

Step 02 **홍보 배너 만들기** **135**
　홍보 광고물이란? 136
　홍보 광고물의 세 가지 요소 137
　오프라인용 홍보 배너 만들기 138
　온라인용 홍보 배너 만들기 142
　웹 게시 및 공유 기능으로 홍보물 공유하기 145

Step 03 **깔끔한 PPT 템플릿 만들기** **146**
　미리캔버스의 PPT 템플릿 147
　템플릿을 활용한 표지 페이지 만들기 148
　템플릿을 활용한 목차 페이지 만들기 151
　인포그래픽 요소 추가하기 153
　PPT에 동영상 추가하기 155
　PPT에 QR 코드 추가하기 156
　PPTX 파일로 다운로드하기 157

Chapter 05 수업할 때 유용한 콘텐츠 만들기 158

Step 01 **이름표와 시간표 만들기** **160**
　교육 현장에 미리캔버스 활용하기 161
　요소를 활용한 이름표 만들기 162
　요소를 활용한 과목 이름표 만들기 164
　도형을 활용한 이름표 만들기 168
　요소를 활용한 시간표 만들기 171
　표를 활용한 시간표 만들기 173

Step 02 **학급명단표 만들기** **175**
　프레임 요소를 활용한 학급명단표 만들기 176
　프레임과 일러스트 요소를 활용한 학급명단표 만들기 180
　배경이 없는 사진으로 학급명단표 만들기 183

Step 03	실루엣 퀴즈 PPT 만들기	**186**
	템플릿을 활용한 실루엣 퀴즈 PPT 만들기	187
	색상 채우기 기능 활용하기	189
	요소별 애니메이션 적용하기	192
Step 04	골든벨 퀴즈 PPT 만들기	**194**
	템플릿을 활용한 골든벨 퀴즈 PPT 만들기	195
	링크 기능 활용하기	201

Appendix 미리캔버스 완벽 마스터하기 **204**

Step 01	미리캔버스 단축키	**206**
Step 02	드라이브 폴더 정리하기	**207**
Step 03	워크스페이스에 초대하기	**210**
Step 04	함께 디자인 작업하기	**211**
Step 05	디자인 참고 사이트	**212**

| 일러두기 |

- 예제의 지문에서 '마우스 오른쪽 버튼으로 클릭'하는 명령을 지시선에서는 '우클릭'으로 표기했습니다.
- 이 책은 윈도우(Windows)를 기준으로 설명하지만, 화면 캡처를 맥(Mac)에서 진행하였기 때문에 마우스 오른쪽 버튼을 클릭했을 때 단축키 'Ctrl'이 '⌘'로 표시되어 있습니다.
- 예제 미리보기의 '사용 템플릿'은 미리캔버스의 템플릿 이름을 그대로 기재하였기 때문에 맞춤법, 띄어쓰기 등이 올바르지 않을 수 있습니다.

이 책의 구성

이 책은 미리캔버스 2.0 버전을 기반으로 하는 미리캔버스 활용서입니다. 미리캔버스의 메뉴와 사용 방법을 하나하나 자세히 소개하고, 다양한 주제의 실습 예제를 통해 디자인 감각을 빠르게 익힐 수 있도록 구성했습니다.

미리보기
실습 예제의 완성 결과를 미리 확인할 수 있습니다.

도입
본격적인 학습에 들어가기 전 각 스텝에서 다루는 내용을 소개합니다.

- 사용 템플릿: 블루배경의 아기자기한 요소들을 활용한 진로 고민 로드맵 작성법 홍보
- 작업 사이즈: 1080 x 1920 px
- 파일 형식: MP4

QR 코드
작업 과정을 영상으로 확인할 수 있습니다. QR 코드를 스캔하면 저자의 유튜브 채널로 이동합니다.

실습 기본 정보
사용 템플릿, 작업 사이즈, 파일 형식 등 실습 예제를 따라 하는 데 필요한 기본 정보를 확인할 수 있습니다.

친절한 실습 과정
단계별 설명과 지시선으로 초보자도 쉽게 따라 할 수 있습니다.

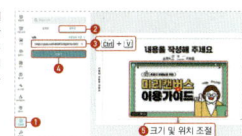

Tip
미리캔버스와 관련된 다양한 팁과 부연 설명이 담겨 있습니다.

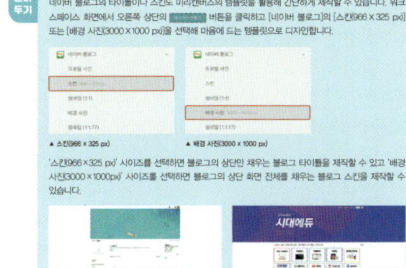

알아두기
알아두면 좋을 미리캔버스의 메뉴와 기능을 자세히 설명합니다.

Chapter 01

미리캔버스 알아보기

미리캔버스는 저작권 걱정 없이 무료로 고퀄리티의 콘텐츠를 제작할 수 있는 디자인 플랫폼입니다. 이번 챕터에서는 미리캔버스와 관련된 전반적인 내용을 알아보고, 미리캔버스의 사용 방법과 워크스페이스를 살펴보겠습니다.

01 미리캔버스란?
02 미리캔버스 시작하기

Step 01 미리캔버스란?

미리캔버스의 특징, 저작권, 요금제, 모바일 앱 등 미리캔버스에 대한 전반적인 내용을 먼저 살펴보겠습니다.

🎨 저작권 걱정 없는 디자인 플랫폼, 미리캔버스

인터넷의 발달과 함께 스마트폰이나 태블릿 PC 등의 디지털 기기가 광범위하게 보급되면서 다양한 분야에서 '디지털 마케팅(Digital Marketing)'을 전략적으로 사용하고 있습니다. 그중에서도 '콘텐츠 마케팅(Contents Marketing)'은 사진이나 영상과 같은 콘텐츠를 활용한 마케팅 전략입니다. 콘텐츠 마케팅은 소비자와 내적 친밀감을 쌓으면서 유용한 정보를 전달하는 데 초점을 두고 있으며, 브랜드나 제품에 대한 인지도, 신뢰도, 충성도를 높이는 역할을 하기 때문에 디지털 시대의 중요한 마케팅 전략으로 자리잡게 되었습니다.

▲ 디지털 마케팅

기업뿐만 아니라 개인 사업을 운영하고 있는 자영업자도 효과적인 디지털 마케팅을 위해 콘텐츠 제작을 업체에 맡기는 경우가 많이 있습니다. 콘텐츠를 직접 만들지 않고 전문 업체에 맡기는 이유는 포토샵이나 일러스트레이터와 같은 디자인 전용 프로그램의 진입장벽이 높기 때문입니다. 게다가 가격도 비싸고 구매하더라도 전공자가 아닌 이상 능숙하게 사용하기까지 많은 시간과 노력이 필요하기 때문에 따로 시간을 내서 프로그램을 배우기에는 부담스러운 부분이 있습니다.

▲ 유튜브 콘텐츠 업로드

최근에는 기존의 디자인 프로그램이 가지고 있던 집입장벽을 최대한 낮춘 무료 디자인 플랫폼이 대거 등장하면서 전문가가 아니더라도 누구나 쉽게 콘텐츠를 제작하고 공유할 수 있게 되었습니다. 직접 편집한 영상을 유튜브에 업로드하거나, SNS에 제품을 홍보하기 위한 카드뉴스를 만드는 등 다양한 분야에서 콘텐츠 크리에이터로 활동하는 사람들이 점점 많아지고 있습니다.

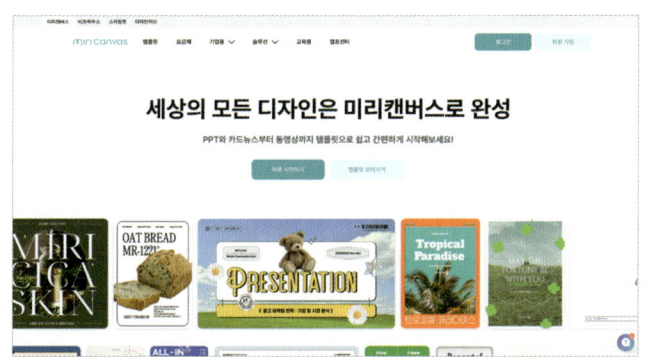

▲ 미리캔버스 메인 화면

이 책에서는 여러 디자인 플랫폼 중 '미리캔버스'에 대해 중점적으로 알아볼 것입니다. 미리캔버스는 별도의 프로그램을 설치하지 않아도 사용할 수 있는 웹 기반의 디자인 플랫폼입니다. 전문 디자이너들이 만든 수만 장의 템플릿이 무료로 제공되고, 이러한 템플릿을 저작권 걱정 없이 마음대로 수정하거나 편집할 수 있습니다.

미리캔버스의 가장 큰 장점은 직관적인 인터페이스입니다. 프레젠테이션, 상세페이지, 카드뉴스 등의 카테고리로 템플릿이 나눠져 있어 필요한 디자인을 쉽게 선택할 수 있고, 클릭 한 번만으로 디자인 요소를 변경할 수 있기 때문에 초보자도 어려움 없이 사용할 수 있습니다. 지금부터 상상 속 디자인을 완성시켜 줄 미리캔버스의 특징을 조금 더 알아볼까요?

미리캔버스 특징 알아보기

첫째, 미리캔버스는 다양한 자료를 저작권 걱정 없이 무료로 사용할 수 있습니다.

▲ 미리캔버스로 제작한 수업 자료

수업 자료나 콘텐츠를 직접 만들 때 겪게 되는 어려움 중 하나가 바로 '저작권'과 관련된 문제입니다. 인터넷에서 검색한 자료는 대부분 저작권이 있어 함부로 사용할 수 없습니다. 하지만 미리캔버스는 다양한 자료를 저작권 걱정 없이 무료로 사용할 수 있기 때문에 저작권과 관련된 문제를 간단하게 해결해 줍니다.

▲ 워터마크 없이 사용 가능한 미리캔버스

미리캔버스에서 무료로 제공하는 자료에는 *워터마크가 포함되어 있지 않습니다. 따라서 미리캔버스에서 만든 디자인 자료를 다른 사람들에게 배포하거나 상업적으로 사용하는 것도 가능합니다. 하지만 판매를 목적으로 한 상품 제작에는 사용할 수 없으니 참고합니다.

---

*워터마크란?
불법 복제를 막기 위해 사진, 동영상 등에 보이지 않게 넣어 놓은 저작권자의 디지털 마크

둘째, 미리캔버스는 전문가의 미적 감각이 담긴 다양한 템플릿을 제공합니다.

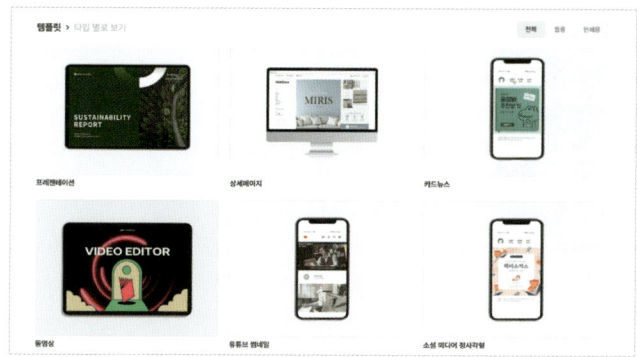

▲ 다양한 종류의 미리캔버스 템플릿

콘텐츠를 제작하는 과정에서 겪게 되는 또 다른 어려움은 바로 '디자인'과 관련된 문제입니다. 상세페이지나 유튜브 섬네일과 같은 콘텐츠를 만들 때 디자인 요소의 배치나 전체적인 색상, 텍스트의 크기 등을 조화롭게 결정하려면 디자인 감각이 필요합니다. 미리캔버스는 전문 디자이너가 만든 수만 장의 템플릿을 제공하기 때문에 이러한 어려움을 간단하게 해결할 수 있습니다. 사용자는 자신의 취향과 목적에 맞는 템플릿을 선택한 후 내용을 적절히 수정하기만 하면 됩니다.

▲ 디자인 레퍼런스로 참고 가능한 전단지 템플릿

특히 소규모 매장이나 스마트스토어 등을 운영하는 자영업자분들께 미리캔버스가 큰 도움이 될 것입니다. 매장에 걸어 둘 홍보용 포스터나 광고용 전단지 등이 필요할 때 미리캔버스의 템플릿을 활용하면 전문 업체에 맡긴 것 같은 수준 높은 디자인의 결과물을 만들 수 있습니다.

셋째, 미리캔버스는 초보자도 쉽고 간단하게 편집할 수 있습니다.

▲ 디자인 요소를 쉽게 추가할 수 있는 미리캔버스

초보자들이 포토샵이나 일러스트레이터를 처음 접할 때 가장 어려움을 느끼는 부분은 복잡한 인터페이스입니다. 한글 버전이 있기는 하지만 외국 기업에서 만든 프로그램이기 때문에 메뉴명이 직관적이지 않고 사용 방법도 복잡해서 능숙하게 다루기까지 오랜 시간이 필요합니다. 반면에 미리캔버스는 사용 방법이 간단하고 인터페이스가 직관적이어서 초보자도 능숙하게 사용할 수 있습니다.

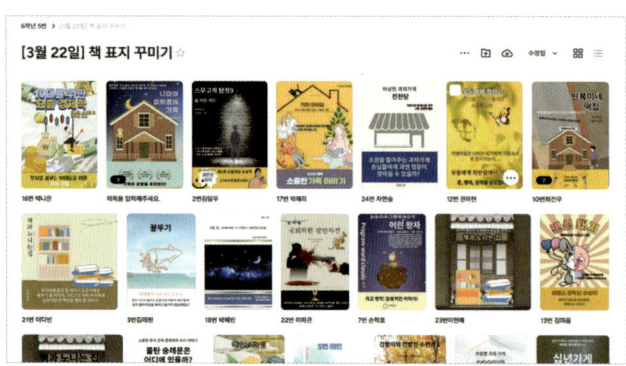

▲ 초등학생이 미리캔버스로 만든 책 표지

특히 스마트폰에 익숙한 알파 세대는 클릭하는 것보다 터치하는 것이 익숙하기 때문에 컴퓨터 사용을 어려워하는 경우가 많이 있습니다. 미리캔버스는 사용 방법이 간단하고, '미리캔버스 앱'이 제공되어 스마트폰이나 태블릿에서도 편집이 가능하므로 컴퓨터에 익숙하지 않은 초등학생도 쉽게 콘텐츠를 만들 수 있습니다.

넷째, 미리캔버스는 언제 어디서나 콘텐츠 작업이 가능한 플랫폼입니다.

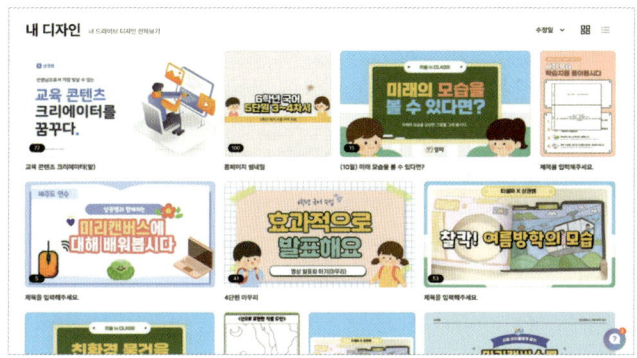

▲ 미리캔버스 작업 공간에 저장되어 있는 자료

미리캔버스는 프로그램을 설치할 필요가 없는 웹 기반의 디자인 플랫폼이기 때문에 인터넷이 연결되는 곳이라면 작업한 내용을 확인하거나 수정할 수 있습니다. 시간과 장소의 제약 없이 콘텐츠를 제작할 수 있어 작업의 효율성을 높여 줍니다. 또한 미리캔버스 작업 공간에 자동으로 자료가 저장되기 때문에 오류로 인한 파일 분실의 위험성도 줄일 수 있습니다.

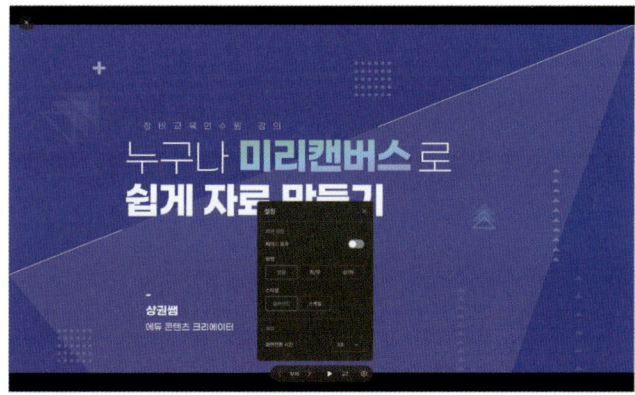

▲ 미리캔버스의 슬라이드 쇼 기능

미리캔버스에서 발표 자료를 만들면 PPT 파일을 외장하드에 옮길 필요 없이 미리캔버스의 '슬라이드 쇼' 기능을 활용하여 발표할 수 있습니다. 발표가 있을 때마다 자료를 모두 외장하드로 옮겨야 하는 번거로움을 줄일 수 있으며, PPT 파일을 외장하드로 옮기는 동안 글꼴이 깨지거나 동영상 파일이 지워지는 등의 문제도 예방할 수 있습니다.

미리캔버스 저작권 알아보기

미리캔버스의 저작권은 다음과 같습니다.

❶ 미리캔버스에서 제공하는 템플릿에 포함된 요소와 텍스트 등은 자유롭게 수정할 수 있으며, 템플릿에서 필요한 부분만 선택하여 새로운 작업에 활용하는 것도 가능합니다.

❷ 미리캔버스에서 제공하는 자료는 제휴사와 정식 계약을 맺고 있으므로 미리캔버스 회원이라면 누구나 무료로 사용할 수 있습니다. 하지만 외부 자료를 추가할 경우 추가한 자료의 저작권으로 인해 발생하는 문제의 책임은 사용자에게 있습니다.

▲ 저작권 걱정 없이 무료로 사용할 수 있는 미리캔버스

❸ 미리캔버스는 요소의 저작권을 보호하기 위해 한 가지 요소만 다운로드하거나 화면을 캡처해서 사용하는 것을 금지합니다. 반드시 두 가지 이상의 요소를 결합해서 디자인해야 합니다.

▲ 두 가지 이상의 요소를 결합한 디자인

❹ 미리캔버스는 디자인 작업물을 편집 가능한 템플릿 형태로 배포, 공유, 판매하는 것을 금지하고 있습니다. 여기서 PPT 파일이 편집 가능한 템플릿 형태에 해당합니다. 미리캔버스에서 만든 PPT 파일을 공유하려면 '웹 게시 및 공유' 기능을 이용하거나 '통 이미지' 옵션으로 파일을 다운로드해야 합니다.

▲ '통 이미지' 옵션

❺ 미리캔버스에서 다운로드한 자료를 파워포인트, 포토샵, 일러스트레이터, 영상 편집 프로그램 등에서 수정할 수 있습니다. 하지만 하나의 요소만을 캡처해서 사용하거나 잘라서 사용할 수는 없습니다.

▲ 미리캔버스에서 다운로드한 자료를 파워포인트에서 수정하기

미리캔버스 요금제 알아보기

미리캔버스는 누구나 무료로 사용할 수 있는 플랫폼입니다. 개인뿐만 아니라 기업이나 기관에서도 무료로 사용할 수 있습니다. 그러나 미리캔버스에서 제공하는 자료 중 왕관 표시가 있는 것은 '프리미엄 템플릿'으로 이는 Pro 요금제 사용자만 사용할 수 있습니다. 간혹 무료 템플릿 안에 프리미엄 요소가 포함되어 있는데 이때 템플릿을 무료로 사용하고 싶다면 프리미엄 요소를 삭제한 후에 작업하면 됩니다.

만약 템플릿을 그대로 사용하고 싶다면 템플릿을 개별로 구매하거나, Pro 요금제로 업그레이드합니다. 미리캔버스는 요금제별로 사용 범위에 조금씩 차이가 있으니 요금제별 사용 범위에 대한 자세한 내용은 아래 그림을 참고하세요.

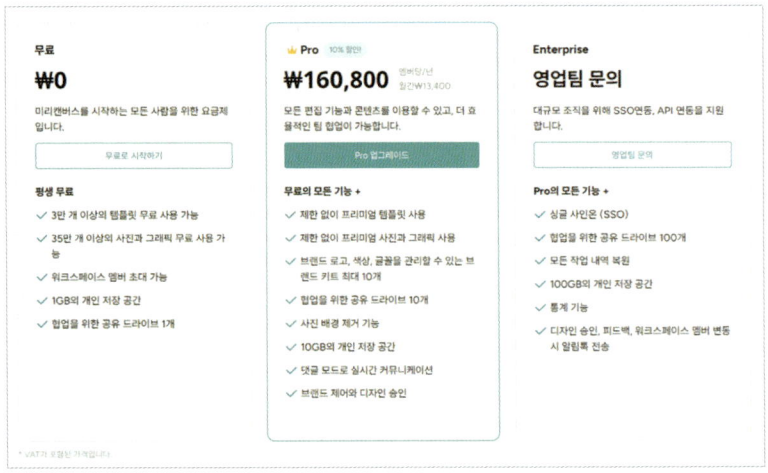

▲ 미리캔버스 요금제별 사용 범위(출처: 미리캔버스)

미리캔버스를 무료로 사용하다가 불편함을 느끼거나 프리미엄 콘텐츠를 사용해 보고 싶다면 'Pro 요금제 평가판'을 한 달 동안 사용해 볼 수 있습니다. 평가판이 종료되기 전에 Pro 요금제의 구독을 해지하면 결제하지 않고 평가판을 무료로 사용할 수 있습니다.

미리캔버스 모바일 & 태블릿 앱 알아보기

미리캔버스를 PC에서 사용하는 경우가 많지만 스마트폰이나 태블릿에서도 미리캔버스 앱을 다운로드해 사용할 수 있습니다. 특히 태블릿 앱의 경우 미리캔버스 PC 버전과 인터페이스가 유사하기 때문에 PC 버전에 익숙한 사용자도 어렵지 않게 사용할 수 있습니다.

▲ 미리캔버스 모바일 앱

모바일 앱이나 태블릿 앱을 사용하면 공간에 제약을 받지 않고 언제 어디서나 미리캔버스를 실행해 디자인 작업을 할 수 있어 편리합니다. 앱스토어와 플레이스토어에서 '미리캔버스'를 검색해 앱을 설치하거나 하단의 QR 코드를 스캔하여 미리캔버스를 다운로드해 보세요.

▲ 미리캔버스 앱 다운로드 QR 코드

미리캔버스 시작하기

미리캔버스의 회원가입 절차와 Pro 요금제 무료 사용 방법에 대해 알아보고, 미리캔버스의 워크스페이스와 작업 화면을 살펴보겠습니다.

미리캔버스 회원가입하기

미리캔버스 회원이라면 미리캔버스의 템플릿을 무료로 사용할 수 있고, 미리캔버스의 다양한 기능을 모두 이용할 수 있습니다. 지금부터 미리캔버스에 회원가입하는 방법을 알아볼까요?

01 먼저 포털 사이트 검색창에 '미리캔버스'를 입력한 후 Enter 를 눌러 검색합니다. 이어서 상단의 검색 결과를 클릭합니다.

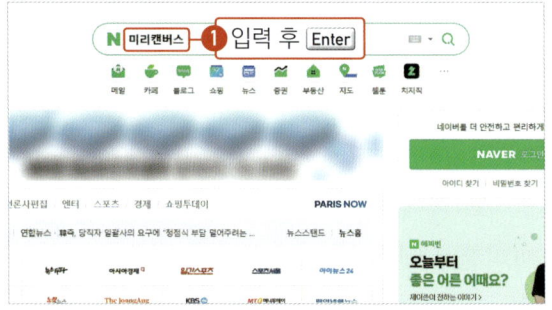
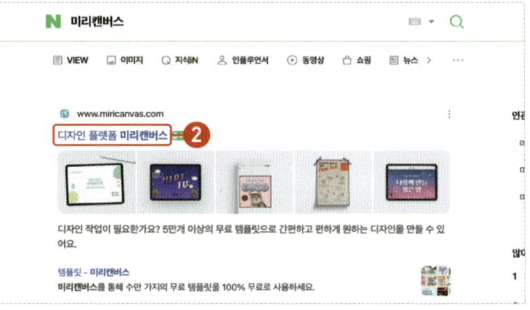

02 미리캔버스의 메인 화면이 나타나면 오른쪽 상단의 5초 회원가입 버튼을 클릭합니다.

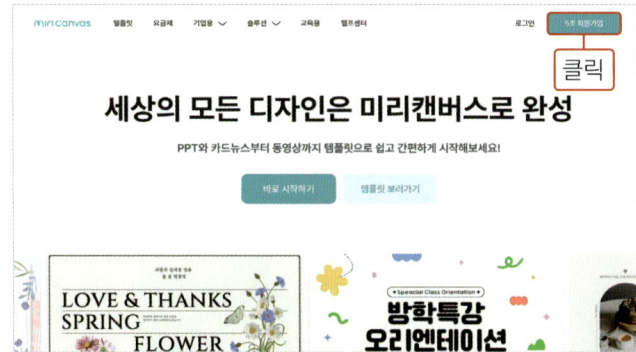

03 미리캔버스는 소셜 계정이나 이메일 계정으로 회원가입을 진행할 수 있습니다. 예제에서는 카카오 계정으로 미리캔버스에 가입해 보겠습니다. Kakao로 가입 버튼을 클릭하고 본인의 카카오 계정으로 로그인합니다.

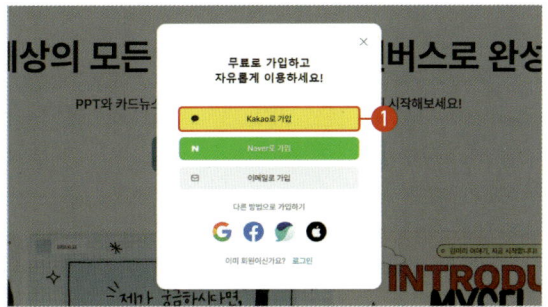
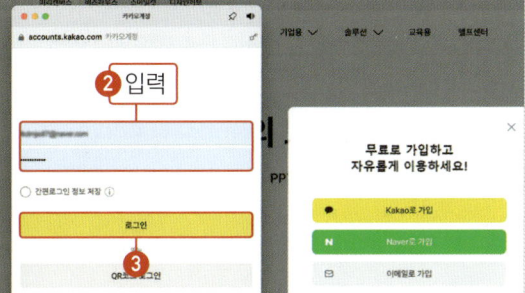

> **Tip** 팝업창의 이메일로 가입 버튼을 클릭하면 이메일 계정으로 간편하게 회원가입할 수 있습니다. 이름, 이메일 주소, 비밀번호를 입력한 후 필수 동의 항목에 체크하고 가입하기 버튼을 클릭합니다. 입력한 이메일 주소로 인증 메일이 발송되고 인증을 거쳐 회원가입을 진행할 수 있습니다.

04 원하는 방법으로 회원가입을 마친 후 오른쪽 상단의 로그인 버튼을 클릭합니다. 팝업창에서 내가 가입한 방법에 해당하는 것을 클릭하면 미리캔버스에 로그인할 수 있습니다.

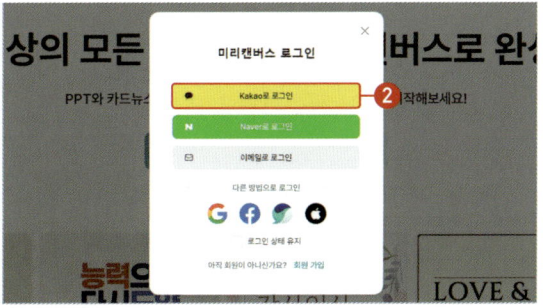

Tip 미리캔버스에 로그인하면 로그인을 유지할 것인지 묻는 팝업창이 나타납니다. 네 버튼을 클릭하면 로그인 상태가 유지되므로 자주 사용하는 기기라면 해당 기능을 사용하는 것이 좋습니다.

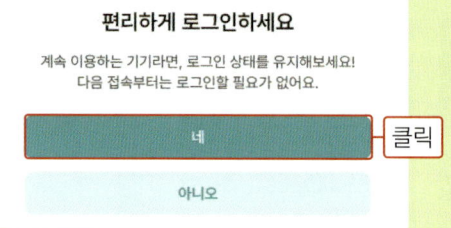

미리캔버스 Pro 요금제 무료 사용 방법

미리캔버스의 Pro 요금제를 처음 사용하는 경우에는 한 달 동안 요금제를 무료로 구독할 수 있습니다. Pro 요금제의 무료 사용 방법을 알아보겠습니다.

01 워크스페이스 화면에서 왼쪽 메뉴의 [설정]-[구독 설정]을 클릭한 후 버튼을 클릭합니다.

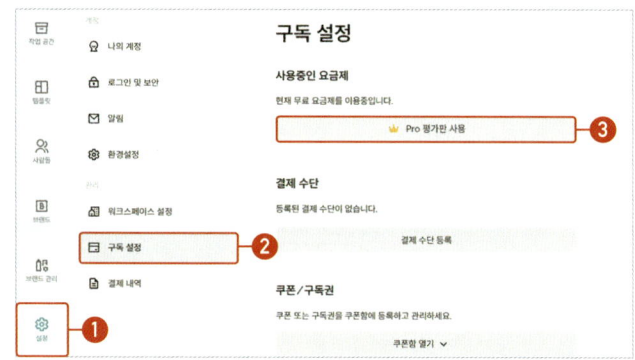

02 팝업창에서 원하는 구독 방식과 결제 수단을 선택합니다. 예제에서는 '월간 구독'과 '네이버 페이'를 선택했습니다.

03 결제 수단을 선택했다면 필수 동의 사항에 체크한 후 `무료로 Pro 시작하기` 버튼을 클릭합니다.

04 이후 과정을 거치면 Pro 요금제 평가판을 사용할 수 있습니다. `시작하기` 버튼을 클릭합니다.

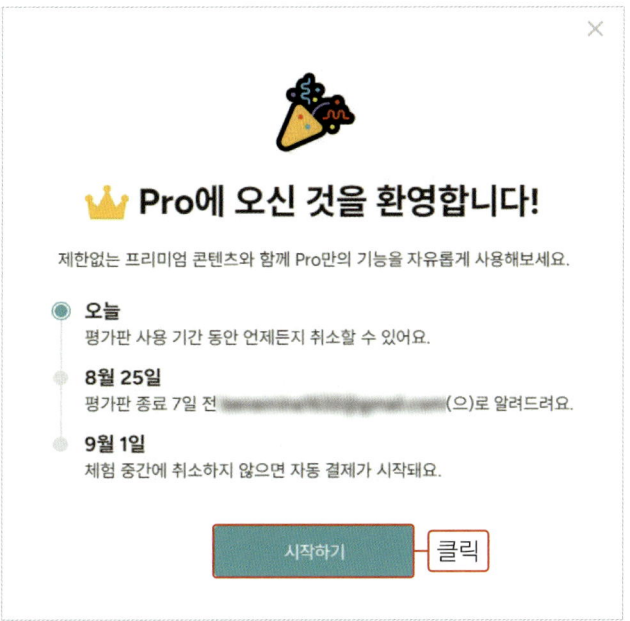

> **Tip** Pro 요금제 평가판을 무료로 사용하기 위해서는 결제일이 오기 전에 구독을 해지해야 합니다. 왼쪽 메뉴의 [설정] – [구독 설정]에서 [구독을 해지하시려면 여기를 클릭하세요.]를 클릭합니다. 구독 해지 사유를 선택하면 이후 과정을 거쳐 구독을 해지할 수 있습니다.
>
>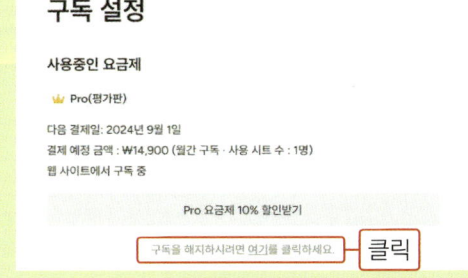

미리캔버스 워크스페이스 살펴보기

미리캔버스에 로그인하면 가장 먼저 워크스페이스 화면이 나타납니다. 워크스페이스는 사용자가 작업한 디자인이 저장되는 곳으로 새로운 디자인을 만들거나 기존에 작업한 디자인을 편집하는 등의 작업을 할 수 있습니다. 지금부터 워크스페이스의 메뉴를 하나씩 살펴볼까요?

작업 공간

- **내 디자인:** 미리캔버스 드라이브에 저장된 디자인을 모두 확인할 수 있고, 디자인을 폴더별로 정리하거나 휴지통에 버릴 수 있습니다.

❶ 디자인을 이동할 폴더를 선택하거나 새로운 폴더를 만들 수 있습니다.
❷ 선택한 디자인을 휴지통에 버릴 수 있습니다.

- **내 드라이브:** 폴더를 생성하여 저장된 디자인을 효율적으로 관리할 수 있습니다.

❶ 새 디자인을 만들거나 새 폴더를 추가할 수 있습니다.
❷ 새로운 폴더를 생성할 수 있습니다.
❸ 컴퓨터에 저장되어 있는 사진이나 동영상을 업로드할 수 있습니다.
❹ 드라이브에 저장되어 있는 디자인을 아이콘 형태로 보여 줍니다.
❺ 드라이브에 저장되어 있는 디자인을 목록 형태로 보여 줍니다.

- **공유 드라이브:** 다른 사람과 함께 작업할 수 있는 공유 드라이브를 만들고, 이메일 주소로 드라이브 멤버를 초대할 수 있습니다.

 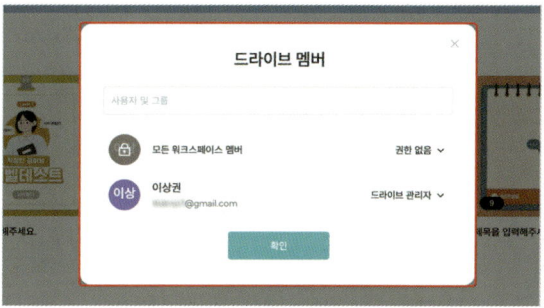

- **즐겨찾기:** 드라이브에서 자주 사용하는 폴더를 즐겨찾기에 추가할 수 있고, 즐겨찾기로 설정한 폴더를 확인할 수 있습니다.

- **휴지통:** 삭제한 디자인이나 폴더를 관리하는 공간으로 휴지통에 있는 항목은 30일 후에 자동으로 삭제됩니다.

❶ 삭제한 디자인이나 폴더를 다시 복구합니다.
❷ 휴지통에 있는 디자인이나 폴더를 완전히 삭제합니다.

템플릿

미리캔버스에서 제공하는 수만 장의 템플릿이 카테고리별로 정리되어 있습니다. 템플릿을 살펴보고 마음에 들면 ♡ 버튼을 클릭해 찜해 놓거나 이 템플릿 사용하기 버튼을 클릭해 자유롭게 수정할 수 있습니다.

> **알아두기** 템플릿 중 왕관 모양이 있는 것은 '프리미엄 템플릿'입니다. 무료 요금제 사용자가 프리미엄 템플릿을 사용하면 '워터마크'가 표시된 상태로 저장됩니다.

사람들

워크스페이스에 멤버를 초대하고 관리할 수 있습니다. 이메일 주소로 멤버를 초대합니다.

브랜드 & 브랜드 관리

공지사항, 금지어, 디자인 승인, 에디터 제어 등을 설정할 수 있습니다.

설정

미리캔버스의 계정, 로그인 및 보안, 알림, 환경 설정 등을 설정할 수 있습니다.

미리캔버스 디자인 만들기

미리캔버스에서 디자인을 만드는 방법은 두 가지입니다. 첫 번째 방법은 미리캔버스에 로그인한 후 워크스페이스 화면 오른쪽 상단에 있는 `새 디자인 만들기` 버튼을 클릭하는 것입니다. 버튼을 클릭하고 작업에 필요한 디자인 사이즈를 선택하면 작업 화면이 나타납니다. 주로 많이 사용하는 사이즈는 '프레젠테이션(1920×1080 px)'과 '카드뉴스(1080×1080 px)'입니다.

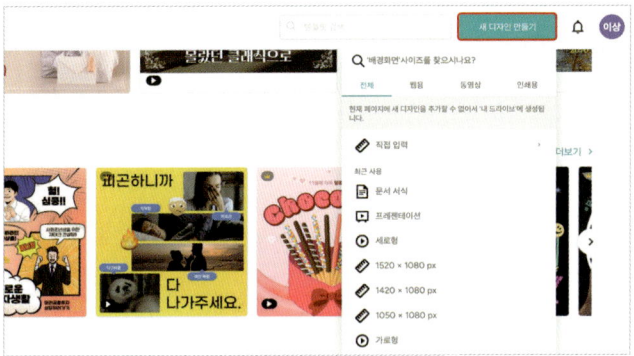

▲ 새 디자인 만들기

두 번째 방법은 워크스페이스 화면 왼쪽에 있는 [템플릿] 메뉴를 클릭한 후 다양한 템플릿 중 마음에 드는 디자인을 선택하는 것입니다. 템플릿을 선택한 후 팝업창에서 `이 템플릿 사용하기` 버튼을 클릭하면 템플릿이 적용된 작업 화면이 나타납니다.

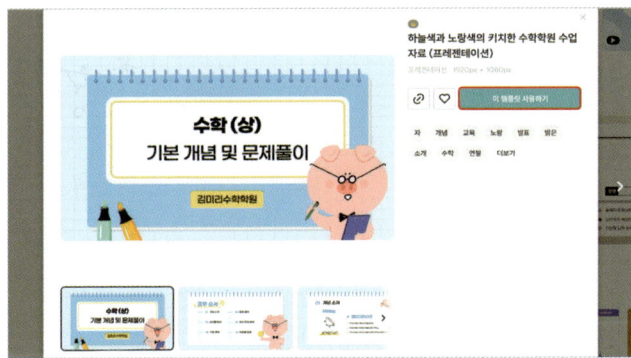

▲ 이 템플릿 사용하기

미리캔버스 작업 화면 살펴보기

미리캔버스의 작업 화면과 각 메뉴의 간단한 설명은 다음과 같습니다.

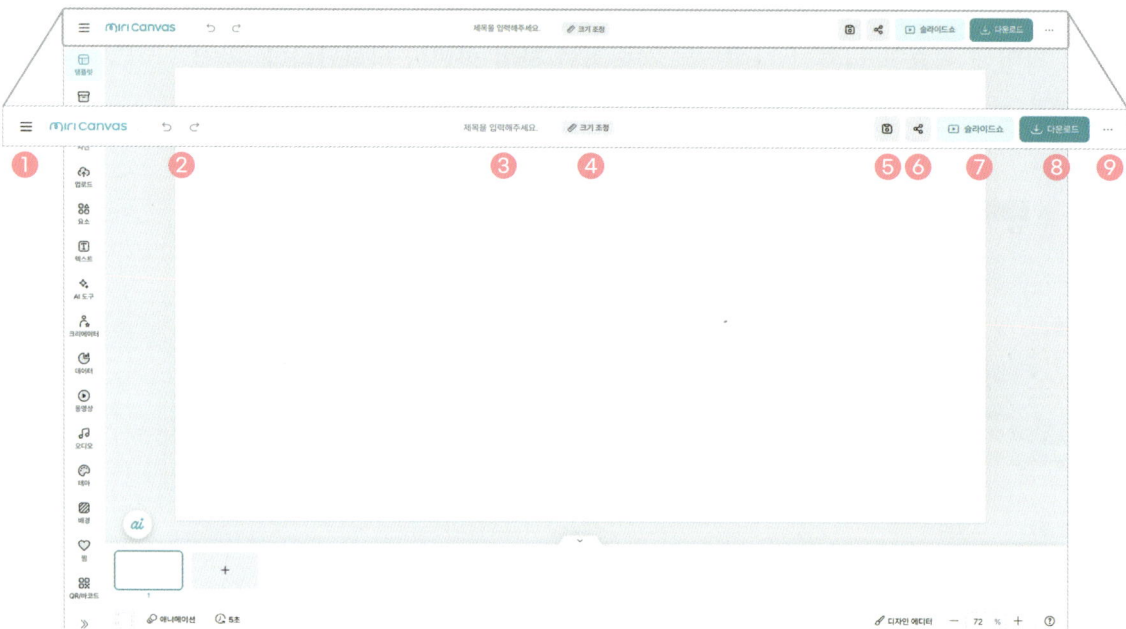
▲ 미리캔버스 작업 화면

❶ [디자인 관리], [고급 기능], [언어 및 환경 설정] 등의 전체 메뉴 설정
❷ 되돌리기 / 다시 실행
❸ 작업하고 있는 디자인의 제목 입력
❹ 작업하고 있는 디자인의 크기 조정
❺ 디자인 저장하기
❻ 디자인 공유하기
❼ 슬라이드쇼 보기
❽ 작업하고 있는 디자인 다운로드하기
❾ [인쇄물 제작하기], [다운로드], [공유하기] 등의 더보기 메뉴

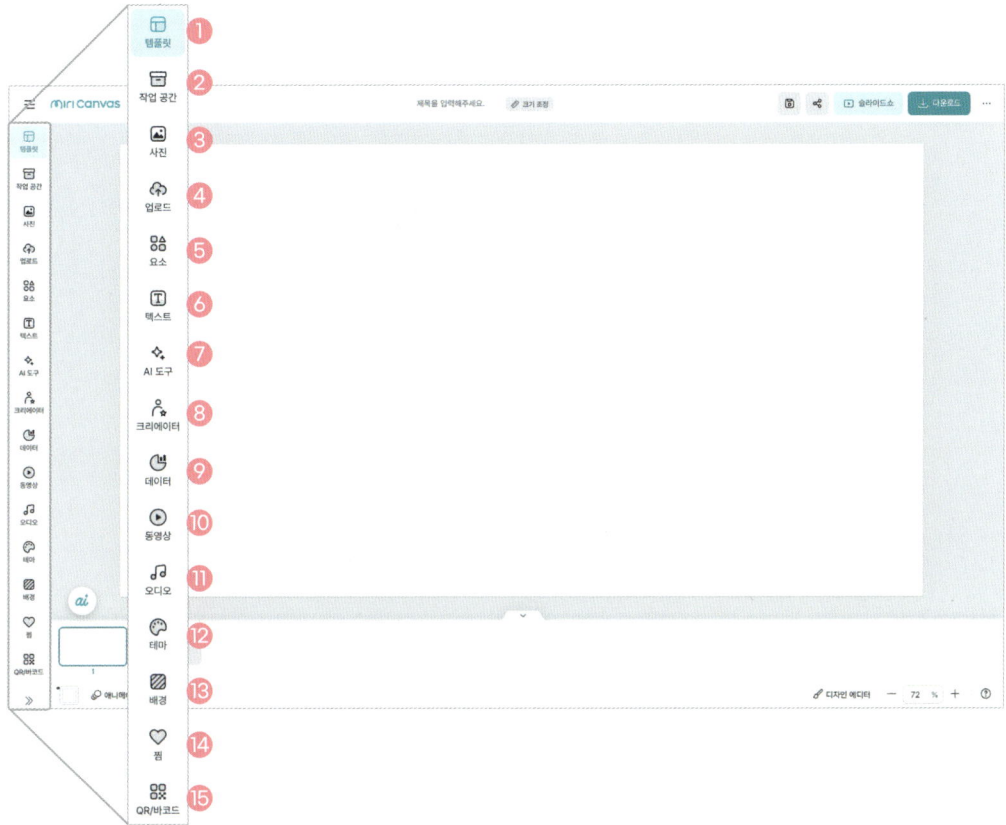

① **템플릿**(▢) 미리캔버스에서 제공하는 디자인 템플릿을 사용할 수 있습니다.
② **작업 공간**(▣) 작업했던 디자인을 불러오거나 덮어쓰고 싶을 때 사용합니다.
③ **사진**(▨) 미리캔버스에서 제공하는 사진을 작업 화면에 추가할 수 있습니다.
④ **업로드**(⊕) 컴퓨터에 저장된 사진이나 동영상 등의 파일을 업로드할 수 있습니다.
⑤ **요소**(▦) 일러스트, 도형, 아이콘 등의 요소를 작업 화면에 추가할 수 있습니다.
⑥ **텍스트**(T) 작업 화면에 다양한 스타일의 텍스트를 추가하고 편집할 수 있습니다.
⑦ **AI 도구**(✧) AI가 작업하고 있는 디자인에 어울리는 요소를 생성해 줍니다.
⑧ **크리에이터**(👤) 미리캔버스 크리에이터가 만든 다양한 템플릿을 사용할 수 있습니다.
⑨ **데이터**(📊) 차트, 인포그래픽 등의 데이터를 작업 화면에 추가할 수 있습니다.
⑩ **동영상**(▶) 미리캔버스에서 제공하는 동영상을 작업 화면에 추가할 수 있습니다.
⑪ **오디오**(♪) 미리캔버스에서 제공하는 배경음과 효과음을 작업 화면에 추가할 수 있습니다.
⑫ **테마**(🎨) 작업하고 있는 디자인의 색상 테마를 선택할 수 있습니다.
⑬ **배경**(▨) 미리캔버스에서 제공하는 사진 배경과 패턴 배경을 선택할 수 있습니다.
⑭ **찜**(♡) 이전에 '찜' 추가해 놓은 템플릿, 요소 등을 바로 사용할 수 있습니다.
⑮ **QR/바코드**(▦) QR 코드나 바코드를 생성하고 편집할 수 있습니다.

Chapter
02

미리캔버스 사용하기

본격적으로 미리캔버스의 사용 방법을 알아볼까요? 먼저 미리캔버스의 여러 가지 기능으로 템플릿을 수정한 후 작업한 내용을 다운로드해 보겠습니다. 나아가 미리캔버스 2.0 버전의 AI 기능도 함께 살펴봅니다.

01　템플릿 사용하기
02　템플릿 디자인하기
03　AI 기능 활용하기

Step 01 템플릿 사용하기

미리캔버스의 템플릿을 쉽고 간단하게 수정하는 방법과 완성된 디자인을 다운로드할 때 유의할 점을 살펴보겠습니다.

🎨 템플릿 선택한 후 작업 화면에 적용하기

먼저 마음에 드는 템플릿을 작업 화면에 적용해 볼까요? 미리캔버스는 이미 완성되어 있는 템플릿을 수정하여 사용할 수 있기 때문에 디자인 전문가가 아니더라도 충분히 완성도 높은 디자인 작업물을 만들 수 있습니다.

01 워크스페이스 화면 오른쪽 상단의 새 디자인 만들기 버튼을 클릭하고 디자인 사이즈를 선택합니다. 예제에서는 [프레젠테이션(1920 × 1080 px)]을 선택하겠습니다.

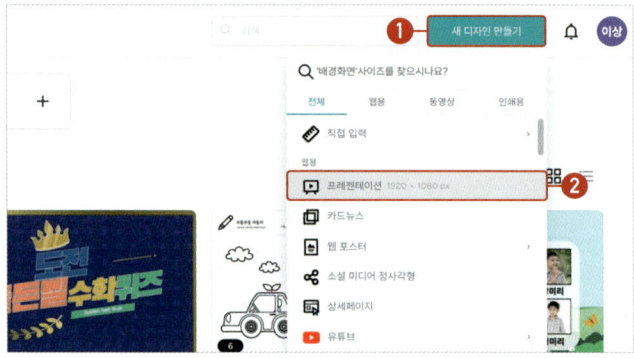

02 작업 화면 왼쪽에 프레젠테이션 사이즈의 템플릿이 다양한 카테고리로 정리되어 있습니다. 마음에 드는 템플릿을 선택해 봅니다.

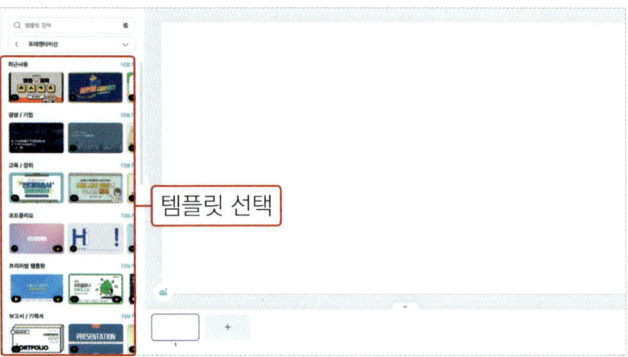

Tip 프레젠테이션이 아닌 다른 사이즈의 템플릿을 찾고 싶다면 왼쪽 메뉴에서 [프레젠테이션]을 클릭한 후 [카드뉴스], [웹 포스터], [상세페이지] 등 원하는 사이즈의 템플릿을 클릭합니다.

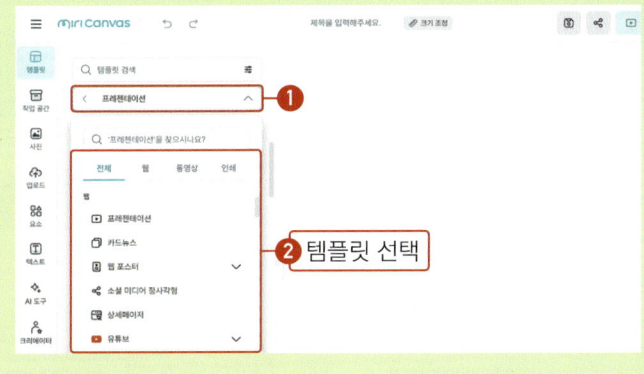

03 템플릿의 일부만 사용하고 싶다면 마음에 드는 페이지를 선택하여 적용합니다.

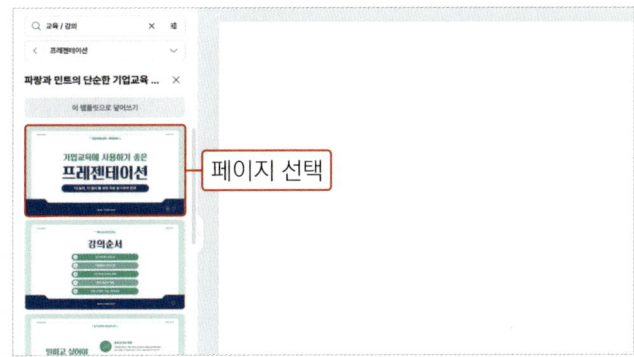

04 이 템플릿으로 덮어쓰기 버튼을 클릭하면 선택한 템플릿을 전체 페이지에 적용할 수 있습니다.

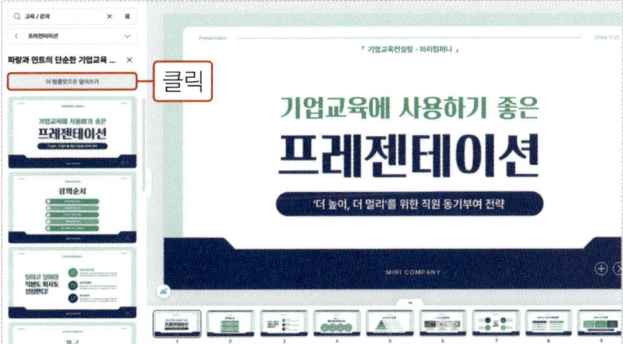

05 템플릿을 선택할 때 사이즈가 다른 템플릿도 적용할 수 있습니다. 예를 들어 '프레젠테이션(1920×1080 px)' 사이즈의 작업 화면에서 '카드뉴스(1080×1080 px)'의 템플릿을 적용해 볼까요?

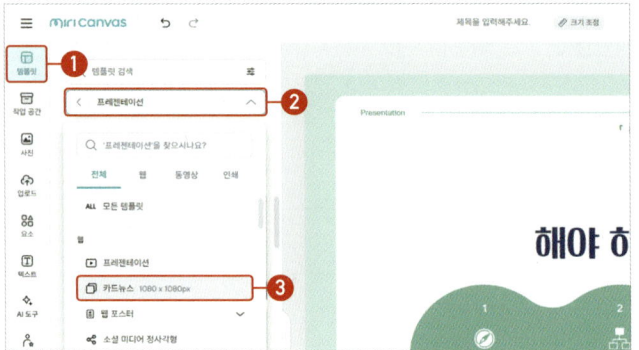

06 카드뉴스 템플릿 중에 마음에 드는 템플릿을 고른 후 적용하고 싶은 디자인의 페이지를 선택하면 프레젠테이션 사이즈로 디자인이 적용됩니다.

> **알아두기**
>
> 사이즈가 다른 템플릿을 적용하면 오른쪽 상단에 디자인 적용 방식을 선택하는 팝업창이 나타납니다. 이때 디자인 적용 방식을 '맞추기'로 설정해야 작업하고 있는 사이즈에 맞게 템플릿이 변형됩니다.
>
>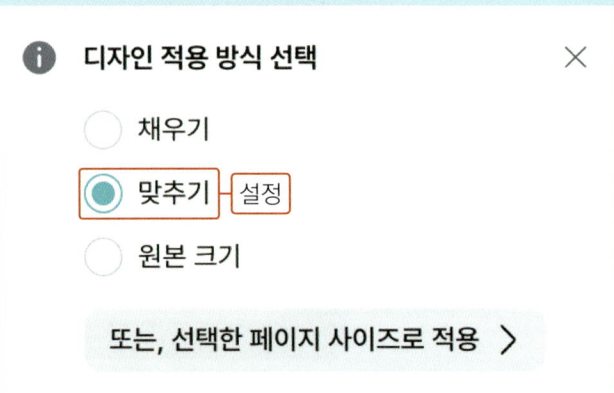
>
> - **채우기**: 선택한 템플릿을 작업하고 있는 사이즈에 꽉 차게 채워 넣는 방식입니다. 일부 디자인 요소가 잘릴 수 있습니다.
> - **맞추기**: 선택한 템플릿을 작업하고 있는 사이즈에 맞추는 방식입니다. 템플릿의 디자인 요소가 모두 보이지만 흰 여백이 생길 수 있습니다.
> - **원본 크기**: 작업하고 있는 사이즈에 상관없이 선택한 템플릿의 원본 크기로 적용되는 방식입니다.

07 두 가지 이상의 템플릿을 섞어서 사용하면 조금 더 유니크한 디자인을 완성할 수 있습니다.

▲ 두 가지 이상의 템플릿을 사용한 디자인

템플릿 수정하기

이번에는 템플릿의 디자인 요소, 색상, 텍스트 내용, 글꼴 등을 수정하여 나만의 디자인을 완성해 봅니다.

01 먼저 텍스트의 내용을 수정하기 위해 작업 화면에서 텍스트를 더블 클릭한 후 블록이 지정되면 수정할 내용을 입력합니다.

02 다른 텍스트도 **01**과 동일한 방법으로 수정해 봅니다.

03 이어서 텍스트의 크기와 위치를 수정해 볼까요? 먼저 수정하고 싶은 텍스트를 선택한 후 텍스트 상자의 꼭짓점을 대각선 방향으로 드래그해 원하는 크기로 수정합니다.

Tip `Ctrl`을 누른 상태에서 텍스트 상자의 꼭짓점을 드래그하면 위치를 고정한 상태에서 텍스트의 크기만 조절할 수 있습니다.

04 텍스트를 클릭한 상태에서 드래그하면 텍스트의 위치를 이동할 수 있습니다.

Tip 작업 화면에서 디자인 요소나 텍스트의 위치를 이동하면 미리캔버스의 '스냅 가이드' 기능이 적용되어 쉽게 정렬할 수 있습니다.

05 텍스트를 선택하고 왼쪽의 글꼴 목록에서 템플릿에 어울리는 글꼴을 선택하면 글꼴이 변경됩니다.

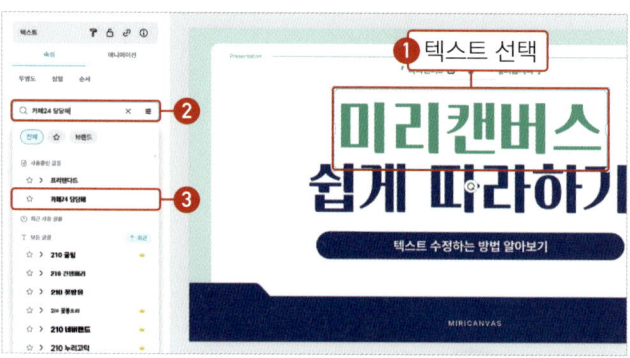

06 검색창 오른쪽의 ▦ 버튼을 클릭하고 필터를 선택한 후 필터적용 버튼을 클릭하면 필터가 적용되어 글꼴이 검색됩니다.

 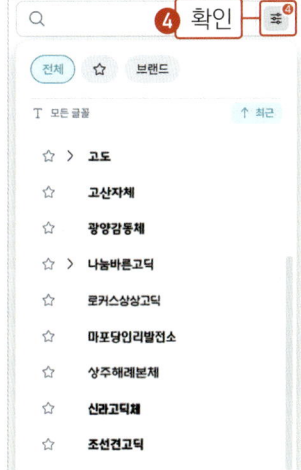

07 검색창에 직접 글꼴을 검색해 글꼴을 선택해도 좋습니다.

> **Tip** 자주 사용하는 글꼴의 ☆ 아이콘을 클릭하면 즐겨찾기 메뉴에 글꼴이 등록됩니다.

Chapter 02 미리캔버스 사용하기　41

08 이번에는 텍스트의 색상을 변경해 보겠습니다. 먼저 색상을 변경할 텍스트를 선택합니다. 왼쪽 메뉴에서 버튼을 클릭해 원하는 색을 선택하면 텍스트의 색상이 변경됩니다.

09 텍스트마다 색을 다르게 설정하고 싶다면 텍스트를 더블 클릭한 후 색상을 변경하고 싶은 텍스트만 드래그하고 **08**과 같은 방법으로 색을 선택합니다.

10 이외에도 왼쪽 메뉴에서 텍스트의 외곽선이나 그림자 등을 쉽고 간단하게 설정할 수 있습니다.

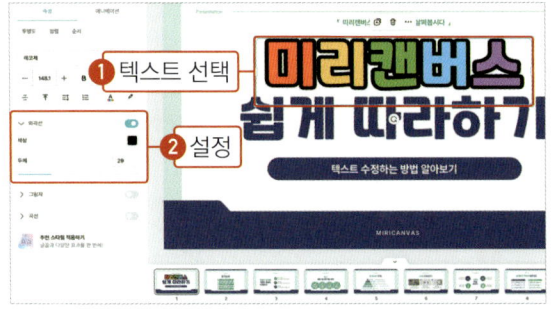

▲ 외곽선 설정   ▲ 그림자 설정

작업 내용 다운로드하기

이제 작업한 내용을 다운로드할 차례입니다. 미리캔버스는 이미지 파일, 문서 파일, 동영상 파일 등 다양한 형식의 파일로 작업 내용을 다운로드할 수 있습니다. 예제에서는 PPTX 파일 형식으로 다운로드할 때 알고 있어야 할 저작권 유의사항을 살펴보겠습니다.

01 오른쪽 상단의 [다운로드] 버튼을 클릭하고 이미지 파일(JPG, PNG, GIF), 문서 파일(PDF, PPTX), 동영상 파일(MP4) 중에 원하는 파일 형식을 선택합니다. 예제에서는 [PPTX]를 선택하겠습니다.

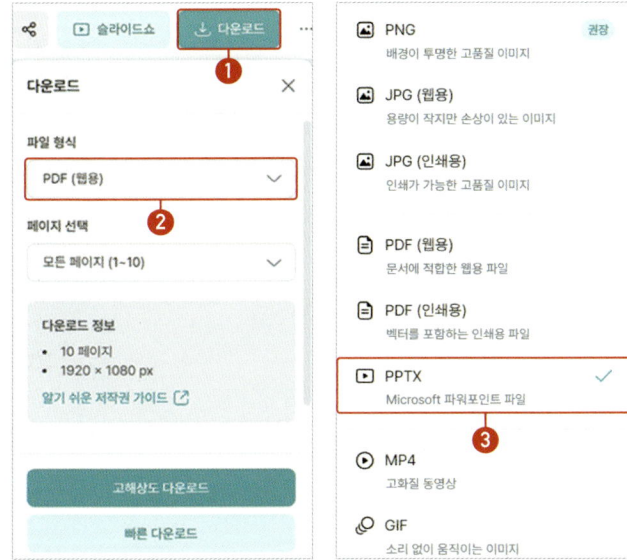

> **Tip** 작업 내용은 일정 시간이 지나면 미리캔버스 드라이브에 자동으로 저장됩니다. 만약 작업 도중에 내용을 저장하고 싶다면 오른쪽 상단의 버튼을 클릭합니다.

02 파일 형식을 선택하고 하단의 [다운로드] 버튼을 클릭하면 미리캔버스에서 작업한 내용이 다운로드됩니다.

Chapter 02 미리캔버스 사용하기

Tip PPTX 파일 형식으로 다운로드 시 유의사항
① 미리캔버스에서 PPTX 파일 형식으로 다운로드하면 파워포인트 프로그램을 이용하여 재수정할 수 있습니다.
② 다운로드한 파일을 상업적 용도로 사용할 수 있지만, 재편집을 목적으로 배포하거나 판매하는 것은 금지됩니다.
③ 다운로드한 파일에 포함된 디자인 요소의 일부를 캡처, 복제, 수정하여 다른 문서 작업에 사용하거나 배포하는 것은 저작권법에 위배됩니다.

알아두기 PPT 옵션의 차이점 살펴보기

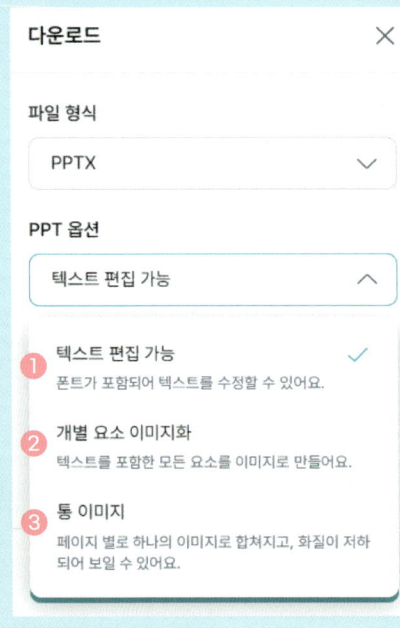

❶ **텍스트 편집 가능**: 텍스트를 편집 가능한 상태로 다운로드하고 싶을 때 선택합니다. 사용한 글꼴을 유지한 상태로 파일을 열 수 있습니다. 단, 일부 글꼴은 저작권 문제로 인해 직접 다운로드해야 합니다.

❷ **개별 요소 이미지화**: 텍스트를 포함한 모든 요소를 이미지화하여 다운로드합니다. 단, 파일을 열었을 때 텍스트를 수정할 수 없습니다.

❸ **통 이미지**: 각각의 페이지를 한 장의 이미지로 저장하고 싶을 때 선택합니다. 요소나 텍스트를 수정할 수 없지만 다른 옵션들보다 다운로드 속도가 훨씬 빠릅니다.

Step 02 템플릿 디자인하기

미리캔버스의 요소 메뉴를 살펴보고 '요소', '사진', '업로드', '테마' 기능을 활용해 템플릿을 다채롭게 디자인해 보겠습니다.

요소 메뉴 살펴보기

일러스트, 도형, 아이콘 등 디자인에 필요한 다양한 요소가 모여 있는 요소 메뉴를 살펴보겠습니다. 선택한 템플릿에 바꾸고 싶은 요소가 있을 때 요소 메뉴에 있는 디자인 요소를 클릭해 작업 화면에 추가할 수 있습니다.

전체

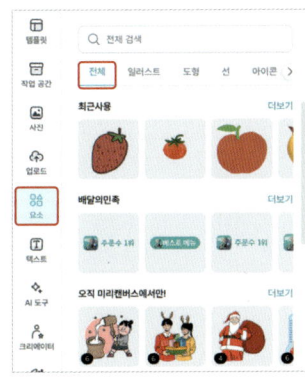

미리캔버스의 모든 디자인 요소가 이달의 추천 요소와 함께 카테고리별로 정리되어 있습니다. 템플릿에 사용할 요소를 검색하거나 적용할 수 있습니다.

일러스트

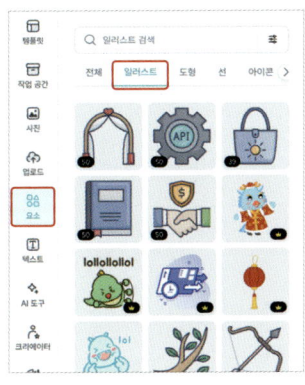

미리캔버스의 일러스트 요소를 검색하거나 적용할 수 있습니다. 일러스트 요소 왼쪽 하단의 숫자는 그림체나 스타일이 비슷한 일러스트 요소가 모여 있는 것이고, 오른쪽 하단의 왕관 표시는 프리미엄 요소로 유료 결제 후 사용할 수 있습니다.

도형

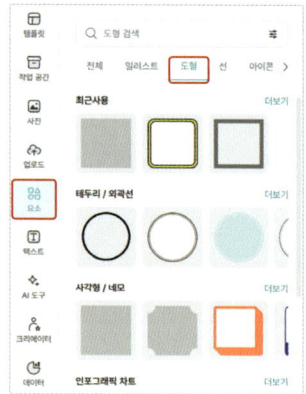

미리캔버스의 도형 요소가 카테고리별로 정리되어 있습니다. 템플릿에 사용할 도형 요소를 검색하거나 적용할 수 있습니다.

선

미리캔버스의 선 요소가 카테고리별로 정리되어 있습니다. 템플릿에 사용할 선 요소를 검색하거나 적용할 수 있습니다.

아이콘

미리캔버스의 아이콘 요소를 검색하거나 적용할 수 있습니다. 아이콘 요소 왼쪽 하단의 숫자는 그림체나 스타일이 비슷한 아이콘 요소가 모여 있는 것이고, 오른쪽 하단의 왕관 표시는 프리미엄 요소입니다.

애니

미리캔버스의 애니 요소를 검색하거나 적용할 수 있습니다. 애니 요소 왼쪽 하단의 숫자는 그림체나 스타일이 비슷한 애니 요소가 모여 있는 것이고, 오른쪽 하단의 왕관 표시는 프리미엄 요소입니다.

컬렉션

미리캔버스의 일러스트, 아이콘, 애니 등의 요소가 컬렉션으로 정리되어 있습니다. 컬렉션 요소 왼쪽 하단의 숫자는 그림체나 스타일이 비슷한 요소가 모여 있는 것입니다. 템플릿에 사용할 컬렉션 요소를 검색하거나 적용할 수 있습니다.

프레임

사진을 넣을 수 있는 프레임 요소가 카테고리별로 정리되어 있습니다. 템플릿에 사용할 프레임 요소를 검색하거나 적용할 수 있습니다.

표

미리캔버스의 여러 가지 표 요소가 카테고리별로 정리되어 있습니다. 템플릿에 사용할 표 요소를 검색하거나 적용할 수 있습니다.

차트

미리캔버스의 모든 차트 요소가 모여 있습니다. 템플릿에 사용할 차트 요소를 검색하거나 적용할 수 있습니다.

조합

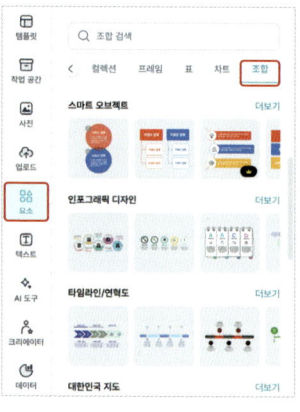

미리캔버스의 조합 요소가 '스마트 오브젝트', '인포그래픽 디자인', '타임라인/연혁도', '대한민국 지도' 등의 카테고리별로 정리되어 있습니다. 템플릿에 사용할 조합 요소를 검색하거나 적용할 수 있습니다.

요소 기능 활용하기

미리캔버스의 다양한 요소를 활용해 템플릿을 디자인해 볼까요?

01 왼쪽 메뉴의 [요소] – [일러스트] 탭을 클릭하고 검색창에 원하는 내용을 입력한 후 Enter 를 누릅니다. 예제에서는 '아이'를 검색했습니다.

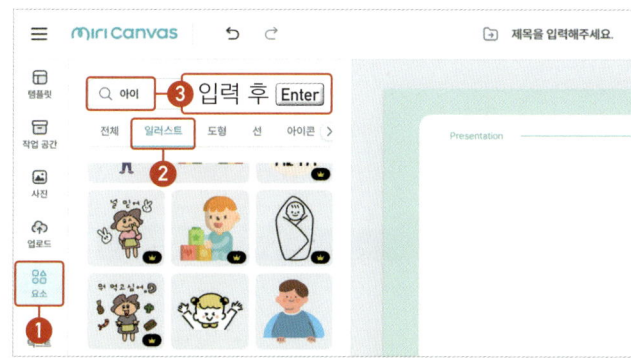

> **Tip** 요소를 검색할 때 키워드를 많이 입력할수록 원하는 요소를 쉽게 찾을 수 있습니다. 예를 들어 '유치원생 남자아이'의 일러스트를 검색하고 싶다면 그림과 같이 '아이', '남자', '유치원' 등 검색 내용을 좁힐 수 있는 키워드를 많이 입력합니다.

02 검색 결과로 나온 일러스트 중에 마음에 드는 것을 클릭합니다.

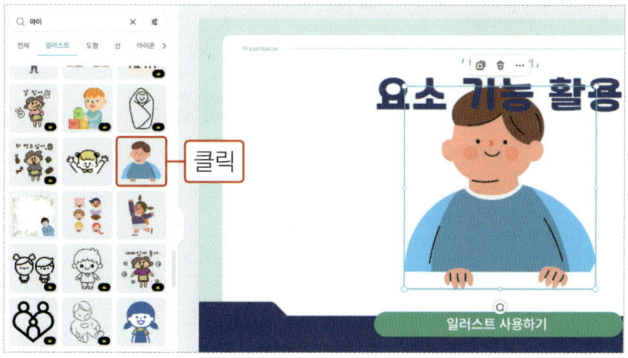

03 일러스트 요소는 '벡터(일러스트)'와 '비트맵'으로 구분할 수 있습니다. '벡터(일러스트)'는 색상과 크기를 모두 수정할 수 있는 요소로 요소마다 색상을 수정할 수 있는 범위가 다릅니다. '비트맵'은 요소의 색상을 수정할 수 없지만 요소의 일부를 자르거나 반전시킬 수 있습니다.

▲ 벡터(일러스트) 요소

▲ 비트맵 요소

Tip 필터 기능을 사용하면 '벡터(일러스트)'와 '비트맵' 중 원하는 종류의 일러스트 요소를 검색할 수 있습니다. [요소] – [일러스트] 탭에서 검색창의 버튼을 클릭해 원하는 유형을 선택한 후 검색어를 입력해 봅니다.

04 요소의 크기와 위치, 색상을 수정해 보겠습니다. 일러스트 요소를 선택해 꼭짓점을 대각선 방향으로 드래그하면 크기를 수정할 수 있으며, 요소를 클릭한 상태로 드래그하면 위치를 이동할 수 있습니다. 그리고 왼쪽 메뉴에서 요소의 색상을 변경할 수 있습니다.

05 적용한 요소와 그림체가 비슷한 요소를 찾아보겠습니다. 작업 화면에서 요소를 선택하고 왼쪽 메뉴에서 [더보기]를 클릭합니다. 마음에 드는 요소를 선택하면 비슷한 느낌의 요소가 적용됩니다.

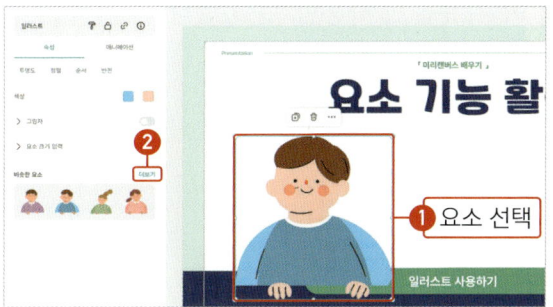 

Tip 자주 사용할 것 같은 요소는 오른쪽 상단의 […] 버튼을 클릭한 후 [찜 추가]를 선택합니다. 찜 추가한 요소는 찜 메뉴에서 확인할 수 있습니다.

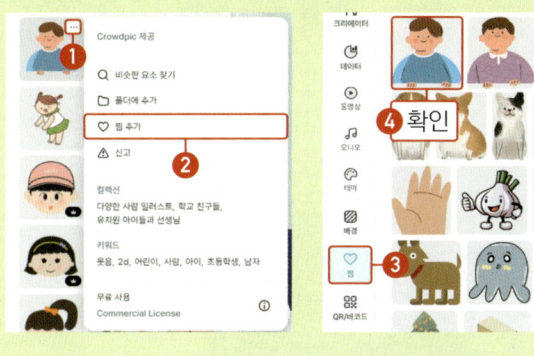

06 이번에는 요소를 교체해 보겠습니다. 작업 화면에서 변경할 요소를 선택하고 왼쪽 메뉴에서 [요소]를 클릭합니다. 새로 바꿀 요소를 작업 화면으로 드래그하면 기존의 요소와 동일한 크기로 변경됩니다.

Tip 요소의 종류가 다르면 교체할 수 없으므로 새로 변경할 요소가 '벡터(일러스트)'와 '비트맵' 중 어떤 것인지 확인한 후 교체합니다.

사진 기능 활용하기

미리캔버스에서 제공하는 사진은 저작권 걱정 없이 자유롭게 사용할 수 있습니다. 원하는 사진을 검색하고 템플릿에 적용하는 방법을 알아보겠습니다.

01 왼쪽 메뉴에서 [사진]을 클릭합니다. 검색창에 원하는 내용을 입력한 후 Enter 를 누르고 검색 결과 중 마음에 드는 사진을 클릭합니다.

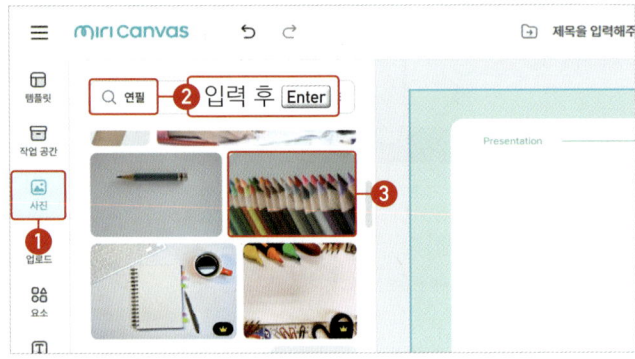

02 작업 화면에서 사진을 선택한 후 꼭짓점을 대각선 방향으로 드래그하면 크기를 수정할 수 있고, 사진을 클릭한 상태로 드래그하면 위치를 이동할 수 있습니다.

> **Tip** '필터' 기능을 활용하면 원하는 색상이나 형태의 사진을 검색할 수 있습니다. 검색창의 ⚙ 버튼을 클릭해 색상이나 형태를 선택한 후 검색어를 입력해 봅니다.
>
>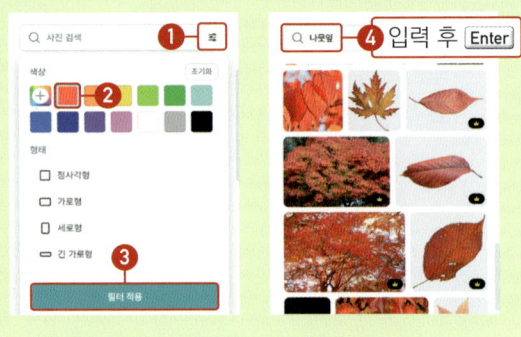

03 '잘라내기' 기능으로 사진을 잘라볼까요? 사진을 더블 클릭하면 '잘라내기' 기능이 활성화됩니다. 사진의 꼭짓점을 대각선으로 드래그해 잘라낼 영역을 설정합니다.

04 이번에는 배경이 투명한 사진을 검색해 볼까요? 왼쪽 메뉴에서 [사진]을 클릭하고 검색창에 '나뭇잎 투명'을 입력한 후 Enter를 눌러 줍니다.

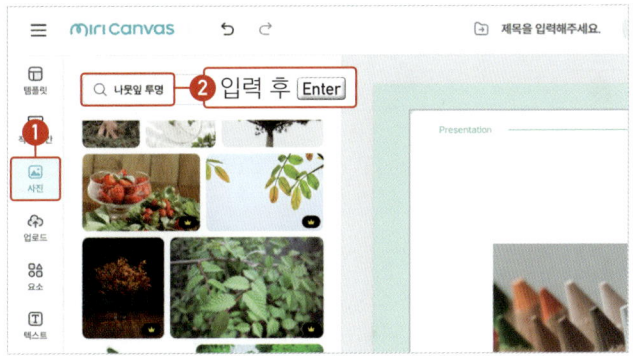

05 검색 결과 중 마음에 드는 사진을 선택하면 작업 화면에 적용할 수 있습니다.

업로드 기능 활용하기

미리캔버스의 '업로드' 기능을 활용하면 컴퓨터에 저장한 사진이나 일러스트를 미리캔버스로 불러와 편집할 수 있습니다.

01 왼쪽의 [업로드] 메뉴를 클릭하고 상단의 업로드 버튼을 클릭합니다. 컴퓨터에 저장한 사진이나 일러스트를 선택하고 열기 버튼을 클릭합니다.

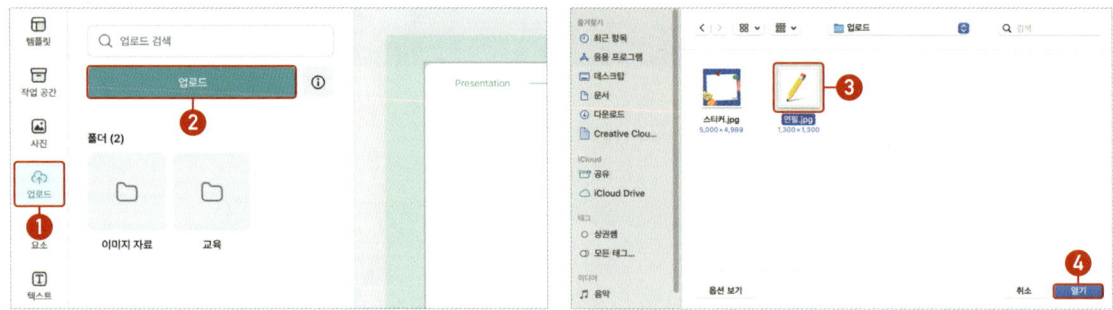

02 왼쪽 메뉴의 '파일'에서 업로드된 사진을 확인할 수 있습니다. 클릭하여 작업 화면에 적용한 후 크기나 위치 등을 수정합니다.

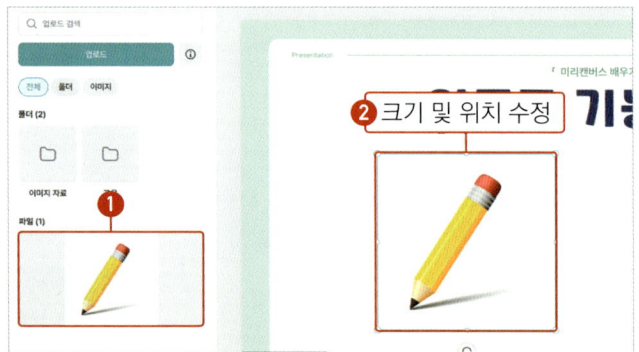

> **Tip** 미리캔버스의 '업로드' 기능을 사용하지 않고 폴더에 있는 파일을 작업 화면으로 직접 드래그해 적용해도 좋습니다.

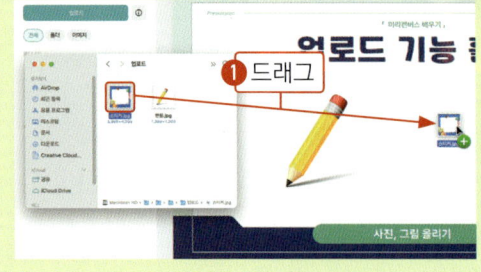

테마 기능 활용하기

멋진 디자인 작업물을 만들기 위해서는 색을 조화롭게 사용할 줄 알아야 합니다. 색에 대한 지식이 부족해도 미리캔버스의 '테마' 기능을 이용하면 비교적 쉽게 색상을 조합할 수 있습니다.

01 왼쪽의 [테마] 메뉴를 클릭한 후 원하는 색상 조합을 선택합니다. 작업 화면에 템플릿이나 요소, 텍스트 등이 적용된 상태여야 색상 테마를 사용할 수 있습니다.

Tip 테마 기능을 사용할 때 수정이 필요한 부분이 생길 수 있습니다. 특히 텍스트의 경우 배경 색상과 비슷하면 잘 보이지 않기 때문에 색상을 개별적으로 수정하는 것이 좋습니다.

Step 03 AI 기능 활용하기

미리캔버스는 2.0 버전으로 업데이트되면서 여러 AI 기능을 사용할 수 있게 되었습니다. 지금부터 미리캔버스에 어떤 AI 기능이 추가되었는지 함께 알아보겠습니다.

미리캔버스의 AI 기능

2022년 챗GPT의 등장 이후 다양한 분야에서 AI 기능을 접목하고 있습니다. 미리캔버스도 이러한 시대의 흐름에 맞춰 여러 AI 기능을 추가하였는데요. 미리캔버스의 AI 기능은 크게 'AI 프레젠테이션', 'AI 라이팅', 'AI 도구' 이렇게 세 가지로 나눌 수 있습니다.

▲ 미리캔버스의 AI 기능

'AI 프레젠테이션' 기능은 PPT를 자동으로 생성해 주는 기능으로 Pro 요금제로 업데이트하거나 Pro 요금제 평가판을 이용해야 사용할 수 있습니다. 'AI 라이팅' 기능은 간단한 문장으로 원하는 글감을 생성해 주는 기능으로 무료 요금제의 경우 하루에 열 번만 무료로 사용할 수 있고, 원하는 스타일의 이미지를 생성하거나 사진을 편집할 수 있는 'AI 도구' 기능은 크레딧을 차감하여 사용할 수 있습니다. 요금제별로 매일 제공되는 크레딧이 다른데 무료 요금제는 100크레딧, Pro 요금제는 1000크레딧이 제공됩니다. 그럼 지금부터 각각의 AI 기능을 하나씩 살펴보고 실제 작업에 활용해 볼까요?

AI 프레젠테이션 기능

먼저 'AI 프레젠테이션' 기능으로 원하는 주제의 PPT 자료를 만들어 보겠습니다.

01 워크스페이스에서 새 디자인 만들기 버튼 – [프레젠테이션(1920 × 1080 px)]을 선택해 작업 화면을 생성한 후 왼쪽 하단의 ai 버튼을 클릭합니다.

02 [AI 프레젠테이션]을 클릭하면 프레젠테이션의 주제를 입력하는 화면이 나타납니다.

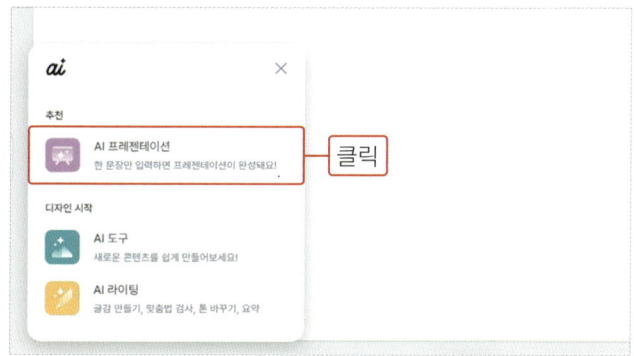

> **Tip** 'AI 프레젠테이션' 기능은 Pro 기능이기 때문에 Pro 요금제 평가판을 사용할 것을 권장합니다.

03 프레젠테이션의 주제를 입력하고 오른쪽 하단의 개요 만들기 버튼을 클릭합니다. 예제에서는 '효과적인 외국어 학습 전략'을 입력했습니다.

Chapter 02 미리캔버스 사용하기　57

04 조금 기다리면 AI가 개요를 생성해 줍니다. 생성된 개요를 확인한 후 개요를 위아래로 드래그하여 순서를 변경해 봅니다.

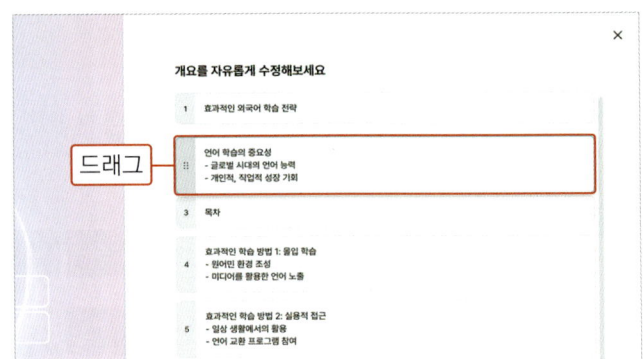

05 개요를 클릭하면 내용을 수정할 수 있습니다.

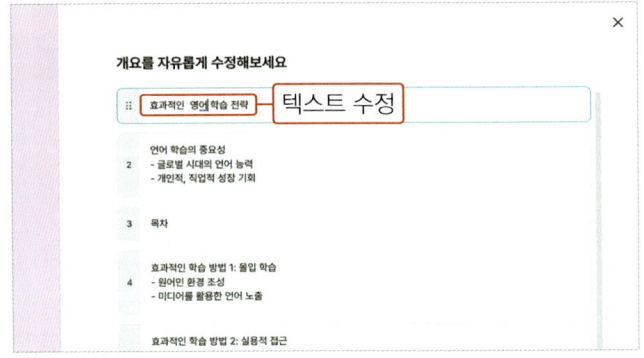

06 오른쪽 하단의 `템플릿 선택` 버튼을 클릭합니다. 원하는 디자인의 템플릿을 선택하고 `생성하기` 버튼을 클릭하면 최대 3분 안에 프레젠테이션이 생성됩니다.

 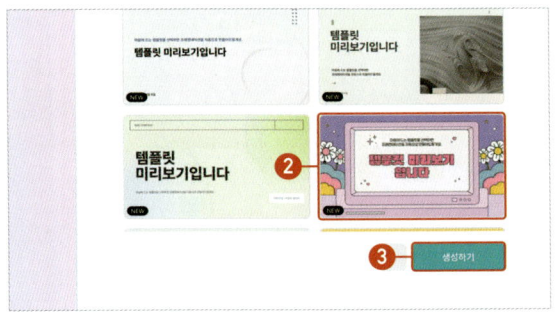

07 생성된 프레젠테이션의 텍스트나 요소를 수정해 봅니다.

08 'AI 프레젠테이션' 기능으로 나만의 PPT 자료를 완성했습니다.

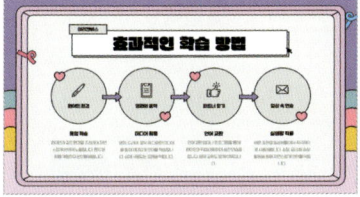  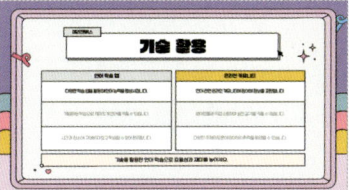
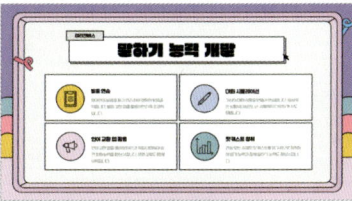  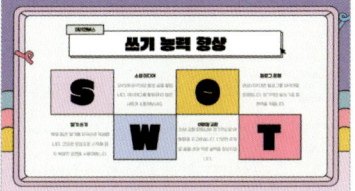
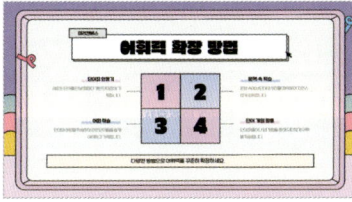 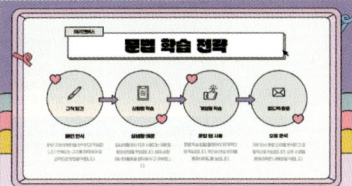 

AI 라이팅 기능

이번에는 'AI 라이팅' 기능의 사용 방법을 알아볼까요?

01 작업 화면 왼쪽 하단의 ⓐ 버튼을 클릭하고 [AI 라이팅]을 선택합니다.

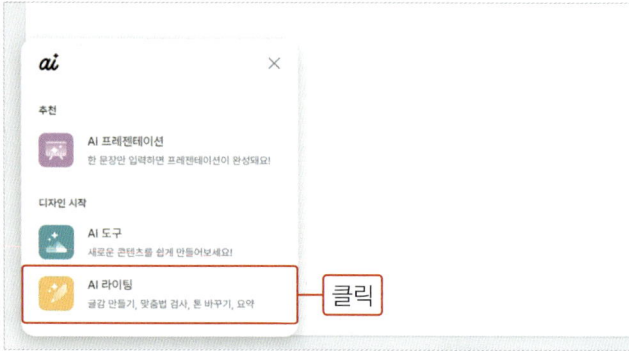

02 다섯 개의 단어를 포함한 문장을 입력한 후 생성 버튼을 클릭합니다. 예제에서는 '인터넷 시대의 개인정보 보호 문제와 사이버 보안의 중요성.'을 입력했습니다.

03 약 10초 정도 기다리면 글감이 생성됩니다. 상단의 AI 라이팅 버튼을 클릭하면 글감을 이어쓰거나 요약하는 등의 작업을 할 수 있습니다. 생성된 글감을 프레젠테이션이나 보고서 작성 등에 활용해 보세요.

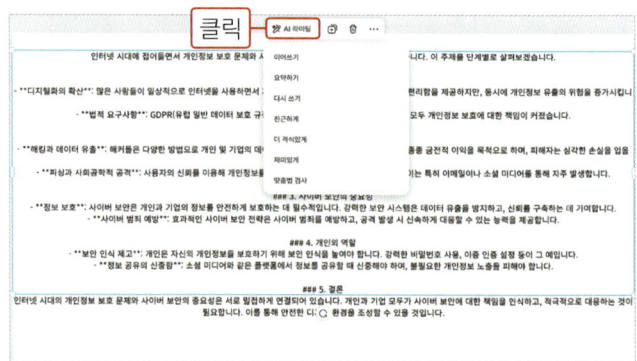

AI 도구 기능

이어서 'AI 도구' 기능에 대해 알아보겠습니다. 'AI 도구' 기능으로는 'AI 드로잉', '사진 배경 교체', '로고 만들기' 등이 있으며 크레딧을 차감하여 사용할 수 있습니다.

01 작업 화면 왼쪽 하단의 ⓐ 버튼을 클릭하고 [AI 도구]를 선택합니다.

02 왼쪽 메뉴에서 원하는 작업을 선택합니다. 예제에서는 [AI 드로잉]을 선택하겠습니다.

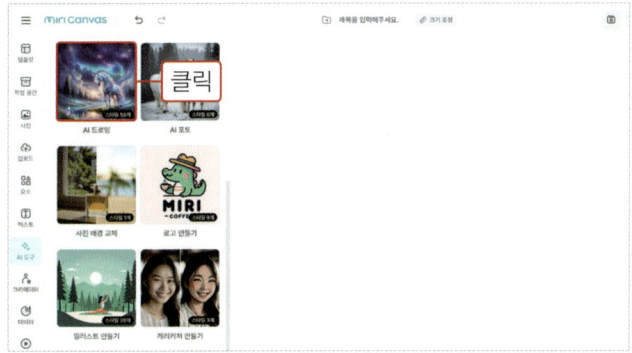

03 스타일을 선택하고 만들고 싶은 이미지의 설명을 입력한 후 생성 버튼을 클릭합니다. 예제에서는 스타일을 '포토카메라'로 선택하고 '베레모를 쓴 고양이'를 입력했습니다.

04 생성된 이미지가 마음에 들지 않는다면 하단의 다시 생성 버튼을 클릭합니다. 이미지를 다시 생성하면 크레딧이 차감되니 참고합니다.

05 생성된 이미지가 마음에 든다면 이미지를 클릭해 작업 화면에 적용합니다.

> **Tip** 'AI 드로잉' 기능으로 생성한 이미지는 '업로드' 메뉴에 추가되어 다음에 재사용할 수 있습니다.
>
> ▲ 업로드 메뉴에 추가된 생성 이미지

AI 사진 편집 기능

미리캔버스의 Pro 요금제나 Pro 요금제 평가판을 사용하면 AI 기능으로 사진을 쉽게 편집할 수 있습니다. 'AI 사진 편집' 기능을 함께 알아볼까요?

배경 제거 기능

01 작업 화면에서 편집하고 싶은 사진을 선택하고 왼쪽 메뉴에서 [배경 제거]를 클릭합니다.

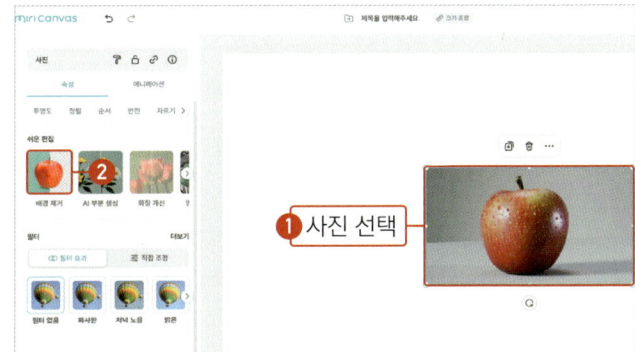

02 사진의 배경이 자동으로 제거되었습니다. 만약 추가로 지우고 싶거나 살리고 싶은 영역이 있으면 ✎ 버튼을 클릭합니다.

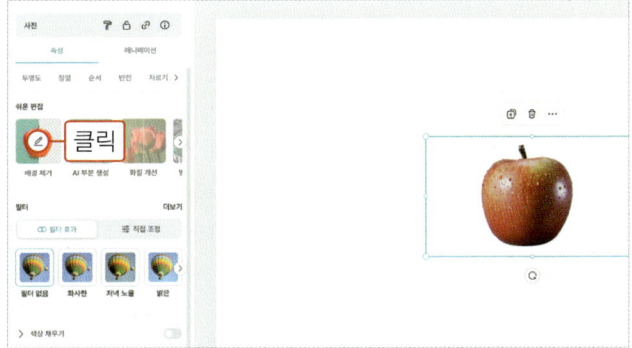

03 이미지 편집 화면이 나타나면 지우고 싶은 부분이나 살리고 싶은 영역을 브러시로 선택한 후 적용하기 버튼을 클릭합니다.

Chapter 02 미리캔버스 사용하기

AI 부분 생성 기능

01 이번에는 사진의 부분을 편집하기 위해 작업 화면에서 편집할 사진을 선택하고 왼쪽 메뉴의 [AI 부분 생성]을 클릭합니다.

02 사진에서 변경하고 싶은 부분의 영역을 선택하고 생성하고 싶은 이미지의 설명을 입력한 후 생성 버튼을 클릭합니다. 예제에서는 사진의 사과를 복숭아로 변경해 보겠습니다.

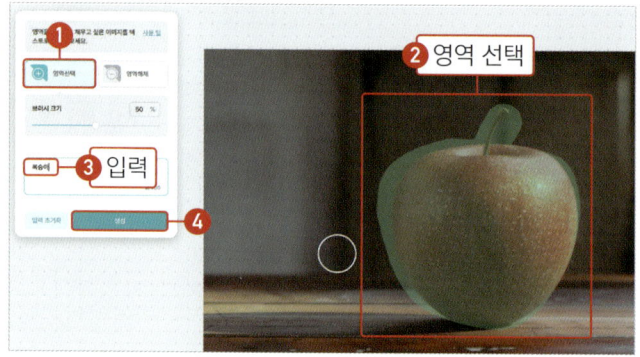

03 이미지를 선택하고 적용 버튼을 클릭한 후 오른쪽 상단의 ✓ 편집 완료 버튼을 클릭합니다. 사진의 사과를 복숭아로 변경했습니다.

화질 개선 기능

01 이번에는 사진의 화질을 개선해 볼까요? 작업 화면에서 화질이 좋지 않은 사진을 선택한 후 왼쪽 메뉴의 [화질 개선]을 클릭하면 흐릿했던 사진의 화질이 선명하게 변경됩니다.

영역 지우개 기능

01 사진에 있는 얼룩이나 먼지 등을 AI 기능으로 자연스럽게 지워보겠습니다. 작업 화면에서 편집할 사진을 선택하고 왼쪽 메뉴의 [영역 지우개]를 클릭합니다.

02 사진에서 지우고 싶은 대상의 영역을 선택하고 지우기 버튼을 클릭한 후 오른쪽 상단의 편집 완료 버튼을 클릭하면 AI 기능으로 선택한 영역이 자연스럽게 지워집니다.

Chapter 03

쉽고 간단한 SNS 콘텐츠 만들기

본격적으로 미리캔버스의 템플릿을 활용해 디자인하는 방법을 알아볼까요? 카드뉴스, 유튜브 섬네일, 채널아트, 움직이는 GIF 이미지 등 실생활에서 유용하게 사용할 수 있는 SNS 콘텐츠를 쉽고 간단하게 만들어 봅니다.

01 카드뉴스 만들기
02 유튜브 섬네일 만들기
03 유튜브 채널아트 만들기
04 움직이는 GIF 이미지 만들기
05 인트로 동영상 만들기
06 유튜브 쇼츠 만들기
07 나만의 아바타 만들기

Step 01 카드뉴스 만들기

카드뉴스는 인스타그램과 같은 SNS 플랫폼에서 자주 볼 수 있는 콘텐츠입니다. 미리캔버스의 템플릿을 활용해 쉽고 간단하게 카드뉴스를 제작해 보겠습니다.

미리보기

- **사용 템플릿**: 노란색 검정색의 귀여운 일러스트 청소년 온라인 정책제안 공모전 파란색의 텍스트 강조의 녹내장 정보 제공
- **작업 사이즈**: 1080 x 1080 px
- **파일 형식**: PNG

카드뉴스란?

카드뉴스는 미국의 한 언론사가 처음으로 도입한 새로운 형식의 뉴스 포맷입니다. 기존의 뉴스 기사와 다르게 이미지와 간략한 텍스트로 구성되어 있어 이미지를 차례대로 넘기면서 이해하는 스토리 형식의 뉴스입니다. 현재는 인스타그램, 페이스북과 같은 SNS나 포털사이트 등 여러 곳에서 활용되고 있습니다.

▲ 카드뉴스

▲ 미리캔버스로 제작한 카드뉴스

카드뉴스를 대중적으로 사용하게 된 이유로는 크게 세 가지를 꼽을 수 있습니다. 첫 번째는 '높은 가독성'입니다. 카드뉴스는 이미지 중심으로 구성되어 있기 때문에 텍스트를 나열해 놓은 기존의 뉴스보다 훨씬 간결하고 임팩트 있게 정보를 전달합니다. 카드뉴스의 이러한 특징은 독자가 콘텐츠를 쉽고 빠르게 이해할 수 있도록 도와줍니다.

두 번째는 '강력한 정보 전달력'입니다. 카드뉴스는 이미지마다 핵심 문장이 삽입되어 있어 정보의 전달력을 높여 줍니다. 독자는 이미지를 넘기면서 필요한 정보를 빠르게 습득할 수 있고, 핵심 내용을 쉽게 파악할 수 있습니다.

세 번째는 '빠른 전파력'입니다. 카드뉴스는 모바일과 SNS 환경에서 콘텐츠의 전파력이 뛰어나기 때문에 SNS 사용자들과 다양한 소비층에게 빠르게 전달됩니다. 이러한 특징으로 인해 카드뉴스는 디지털 미디어 시대에 매우 중요한 정보 전달 도구로 자리매김하게 되었습니다.

템플릿을 활용한 카드뉴스 만들기

그럼 지금부터 미리캔버스의 템플릿을 활용해 쉽고 간단하게 카드뉴스를 만들어 볼까요?

01 먼저 미리캔버스에 로그인합니다. 워크스페이스 화면 왼쪽의 [템플릿] 메뉴를 클릭한 후 '타입 별로 보기' 카테고리에 있는 [카드뉴스]를 선택합니다.

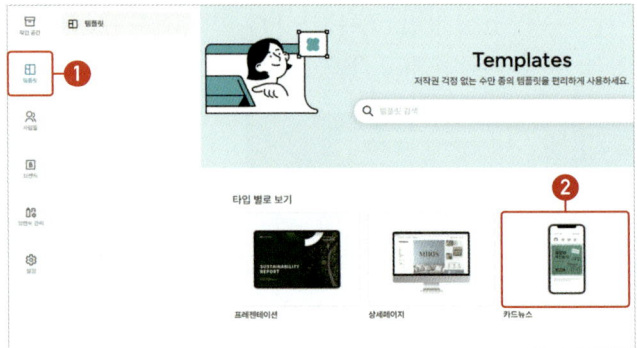

02 여러 가지 템플릿 중 원하는 디자인의 템플릿을 선택하고 이 템플릿 사용하기 버튼을 클릭합니다.

03 템플릿이 적용된 작업 화면이 나오면 앞서 배운 방법을 활용해 텍스트의 내용이나 요소, 일러스트 등을 원하는 대로 수정해 봅니다.

다른 템플릿을 응용해 카드뉴스 디자인하기

조금 더 독특하고 차별성 있는 카드뉴스를 만들고 싶다면 다양한 템플릿을 응용해 봅니다. 하나의 템플릿만 사용해도 되지만 다양한 템플릿을 응용하면 조금 더 특별한 나만의 카드뉴스를 만들 수 있습니다.

01 카드뉴스 오른쪽 상단의 ➕ 버튼을 클릭해 새로운 페이지를 생성합니다.

02 작업 화면 왼쪽 메뉴의 [템플릿] - [모든 템플릿] - [카드뉴스]를 클릭합니다.

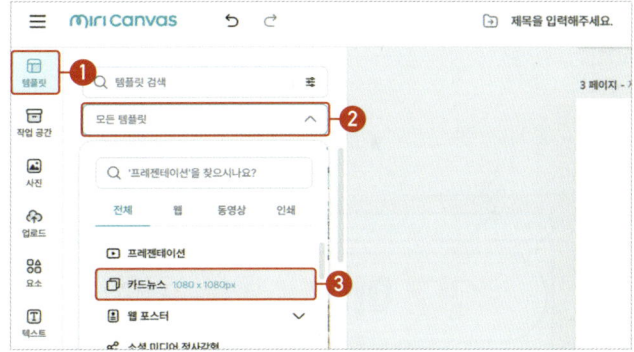

03 검색 결과로 나온 템플릿 중 마음에 드는 디자인의 템플릿을 선택한 후 적용하고 싶은 페이지를 클릭합니다.

04 복사하고 싶은 요소를 Shift 를 누른 채 클릭하고 마우스 오른쪽 버튼을 클릭한 후 [복사]를 선택합니다. 단축키 Ctrl + C 를 눌러 복사해도 좋습니다.

05 요소를 적용할 페이지를 마우스 오른쪽 버튼으로 클릭하고 [붙여넣기]를 선택합니다. 단축키 Ctrl + V 를 눌러 붙여넣어도 좋습니다.

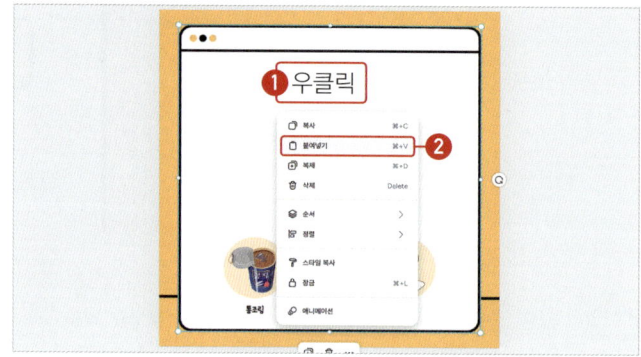

06 복사한 텍스트의 내용을 수정하고 요소의 크기나 색상 등을 알맞게 변경합니다.

텍스트 스타일 활용하기

미리캔버스의 텍스트 스타일을 활용해 텍스트의 글꼴을 템플릿과 어울리게 변경하겠습니다.

01 작업 화면 왼쪽의 [텍스트]를 클릭하고 [스타일] 탭에서 마음에 드는 텍스트 스타일을 선택합니다.

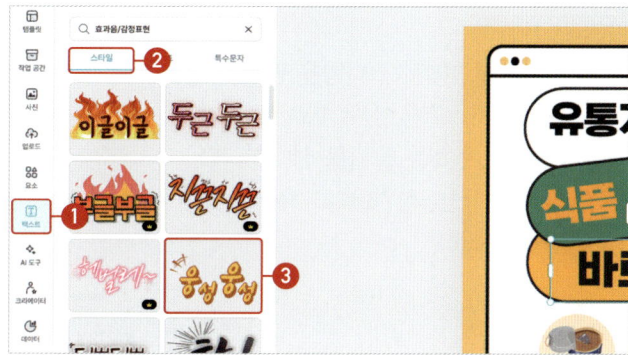

02 텍스트를 선택하고 텍스트 상자의 꼭짓점을 대각선으로 드래그해 원하는 크기로 조절합니다. 텍스트가 그룹으로 묶여 있기 때문에 왼쪽의 그룹 해제하기 버튼을 클릭해 그룹을 해제합니다.

> **Tip** 그룹으로 묶여 있는 요소는 개별적으로 수정하거나 삭제할 수 없으므로 반드시 그룹을 해제한 후에 작업합니다.

03 그룹이 해제된 텍스트를 각각 더블 클릭한 후 내용을 수정해 봅니다.

직접 텍스트 스타일 설정하기

작업하고 있는 템플릿과 어울리게 텍스트의 글꼴, 외곽선, 그림자 등을 직접 설정해도 좋습니다. 텍스트 스타일을 직접 설정하는 방법을 알아보겠습니다.

01 작업 화면에서 스타일을 변경하고 싶은 텍스트를 선택하고 왼쪽 메뉴에서 원하는 글꼴을 선택합니다. 예제에서는 '창원단감아삭체'를 선택했습니다.

02 텍스트를 각각 드래그한 후에 왼쪽 메뉴에서 텍스트의 색상을 자유롭게 변경해 봅니다.

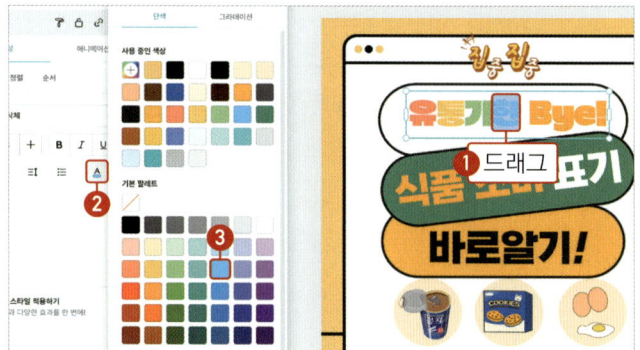

03 이번에는 외곽선을 설정하기 위해 작업 화면에서 텍스트를 선택하고 왼쪽 메뉴에서 '외곽선'을 활성화한 후 색상과 두께를 자유롭게 설정해 봅니다.

> **Tip** 텍스트의 색상을 흰색으로 설정한 후 외곽선을 두껍게 설정하면 텍스트가 더 강조되어 보입니다.

04 이어서 두 번째 텍스트를 선택하고 '그림자'를 활성화한 후 방향, 투명도, 거리, 흐림 등을 설정합니다. 그림자를 설정하면 텍스트를 입체적으로 만들 수 있습니다.

알아두기
- **방향**: 그림자의 방향을 설정합니다.
- **투명도**: 그림자의 투명도를 설정합니다.
- **거리**: 그림자의 거리를 설정합니다.
- **흐림**: 그림자의 흐린 정도를 설정합니다.

05 마지막으로 세 번째 텍스트를 선택하고 왼쪽 메뉴에서 [≡I] 버튼을 클릭한 후 자간, 행간, 장평을 원하는 대로 설정해 봅니다.

알아두기
- **자간**: 글자 사이의 간격을 설정합니다.
- **행간**: 행 사이의 간격을 설정합니다.
- **장평**: 글자의 폭과 높이를 설정합니다.

Tip 자간과 행간에 따라 가독성이 달라지기 때문에 자간과 행간의 수치를 다채롭게 설정해 봅니다.

▲ 자간에 따라 가독성이 달라지는 텍스트

텍스트에 입체감 주기

이번에는 텍스트에 입체감을 주는 방법을 알아보겠습니다.

01 마우스 오른쪽 버튼으로 텍스트를 클릭한 후 [복사]를 선택합니다. 단축키 Ctrl + C 를 눌러 복사해도 좋습니다.

02 복사한 텍스트를 드래그한 후 왼쪽 메뉴에서 색상을 '흰색'으로 설정하고 텍스트를 잠시 바깥으로 옮겨 둡니다.

03 원본 텍스트를 선택하고 왼쪽 메뉴에서 '외곽선'을 활성화한 후 색상을 '검은색', 두께를 '50'으로 설정합니다.

04 잠시 옮겨 두었던 텍스트를 드래그해 원본 텍스트 위에 배치합니다.

05 강조하고 싶은 텍스트만 드래그한 후 왼쪽 메뉴에서 원하는 색상으로 설정하면 텍스트를 조금 더 입체감 있게 만들 수 있습니다.

템플릿과 어울리는 디자인 요소 추가하기

마지막으로 카드뉴스 템플릿과 어울리는 디자인 요소를 추가하겠습니다.

01 먼저 작업 화면에서 디자인 요소를 선택하고 왼쪽 메뉴에서 '비슷한 요소'의 [더보기]를 클릭합니다.

02 검색된 내용 중 어울리는 요소를 찾아 선택하면 통일감 있는 디자인 요소를 적용할 수 있습니다.

03 또 다른 방법으로는 왼쪽 메뉴에서 [요소] - [컬렉션] 탭을 클릭합니다.

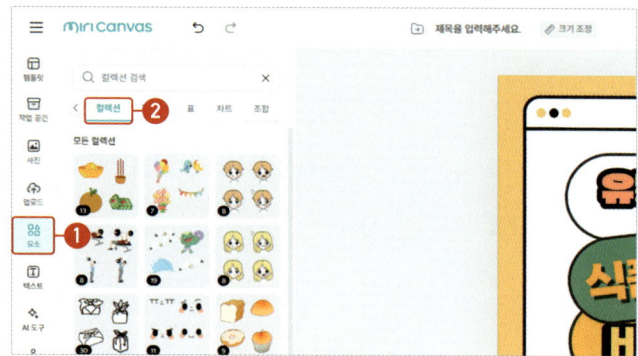

04 검색창에 원하는 내용을 입력한 후 Enter 를 눌러 줍니다. 비슷한 스타일의 요소가 컬렉션으로 묶여 검색됩니다.

05 작업 화면에 있는 요소와 비슷한 스타일의 요소를 골라 적용해 봅니다. 카드뉴스를 조금 더 완성도 있게 만들었습니다.

Tip 마음에 들거나 자주 사용할 것 같은 컬렉션은 컬렉션 제목 오른쪽의 [···] 버튼을 클릭하고 [찜 추가]를 선택합니다. 찜 메뉴에서 찜 추가한 컬렉션을 쉽게 찾을 수 있습니다.

유튜브 섬네일 만들기

유튜브 섬네일은 사람들이 유튜브 화면에서 가장 먼저 보게 되는 이미지로 가독성과 주목성이 중요합니다. 미리캔버스에서 고퀄리티의 유튜브 섬네일을 만들어 볼까요?

미리보기

- **사용 템플릿**: 깔끔한 배경과 가독성이 좋은 타이포를 활용한 채용 컨설턴트 컨텐츠
- **작업 사이즈**: 1280 × 720 px
- **파일 형식**: PNG

섬네일이란?

섬네일(Thumbnail)이란 '엄지손가락(Thumb)'과 '손톱(Nail)'의 합성어로 손톱만큼 작은 이미지를 의미합니다. 섬네일은 보통 콘텐츠의 주제와 내용을 한눈에 파악할 수 있는 이미지를 사용해 사람들의 관심과 흥미를 불러 일으키는 역할을 하기 때문에 사람들이 호기심으로 콘텐츠를 클릭할 만큼 매력적이어야 합니다. 동영상 콘텐츠가 넘쳐나고 있는 요즘에는 섬네일을 어떻게 만드느냐에 따라 콘텐츠의 성공이 크게 좌우되기도 합니다.

▲ 유튜브 섬네일

▲ 블로그 섬네일

섬네일은 사람들의 시선을 사로잡는 데 효과적이기 때문에 유튜브뿐만 인스타그램, 네이버 블로그 등 다양한 소셜 미디어 플랫폼에서 섬네일을 필수적으로 사용하고 있습니다. 이러한 섬네일의 효과를 톡톡히 보기 위해서는 섬네일을 전략적으로 만들어야 합니다.

유튜브는 플랫폼 특성상 다양한 동영상이 업로드되어 있으므로 수많은 콘텐츠 사이에서 눈에 띌 수 있게 섬네일을 디자인해야 합니다. 섬네일은 크기가 크지 않기 때문에 복잡하고 화려한 디자인보다 비교적 심플한 디자인으로 콘텐츠의 목적을 직관적으로 전달하는 것이 좋습니다.

미리캔버스에서 유튜브 섬네일을 디자인할 때에는 콘텐츠의 내용이 잘 드러날 수 있는 요소와 이미지를 선택합니다. 특히 제목은 작은 화면에서도 가독성이 있게 입력하는 것이 좋습니다. 더불어 TV, 스마트폰, 태블릿 등 다양한 디바이스에서 콘텐츠를 재생하였을 때 섬네일의 주요 부분이 잘리지 않도록 유튜브 가이드라인을 준수해야 합니다.

플랫폼별 섬네일 사이즈

플랫폼마다 섬네일의 사이즈가 다르기 때문에 섬네일을 만들기 전에 정확한 플랫폼별 사이즈를 알고 있어야 합니다. 미리캔버스에서 작업할 때에도 디자인을 만들기 전에 먼저 사이즈를 선택하기 때문에 플랫폼별 사이즈를 알고 있어야 텍스트나 이미지가 잘리는 부분 없이 제대로 된 디자인 작업을 할 수 있습니다. 만약 플랫폼별 가이드라인을 무시한 채 섬네일을 작업하면 엉뚱한 비율의 결과물이 나올 수 있습니다.

▲ 인스타그램과 유튜브 섬네일 사이즈

▲ 블로그 섬네일 사이즈

다양한 플랫폼이 있지만 책에서는 대표적으로 인스타그램, 유튜브, 블로그의 섬네일 사이즈를 알아보겠습니다. 먼저 인스타그램의 섬네일 사이즈는 '1080×1080 px'의 정사각형 모양입니다. 그리고 우리가 만들어 볼 유튜브의 섬네일 사이즈는 '1280×720 px'의 직사각형 모양입니다. 네이버 블로그의 섬네일 사이즈는 두 가지로 '960×960 px'의 정사각형 모양이나 '960×540 px'의 직사각형 모양이 있습니다.

네이버 블로그의 섬네일은 정사각형 모양이나 직사각형 모양의 두 가지 선택지가 있지만 컴퓨터나 모바일 기기에서 대부분 '960×960 px'의 정사각형 비율로 보여지기 때문에 정사각형 모양으로 섬네일을 만드는 것이 좋습니다. 만약 '960×540 px'의 직사각형 모양으로 섬네일을 만들 것이라면 제목이 잘 보이도록 텍스트를 가운데에 배치하세요!

마음에 드는 템플릿 골라 수정하기

미리캔버스에서 나만의 유튜브 섬네일을 만들어 보겠습니다.

01 워크스페이스 화면에서 왼쪽 메뉴의 [템플릿]을 클릭한 후 '타입 별로 보기' 카테고리의 [유튜브 썸네일]을 클릭합니다.

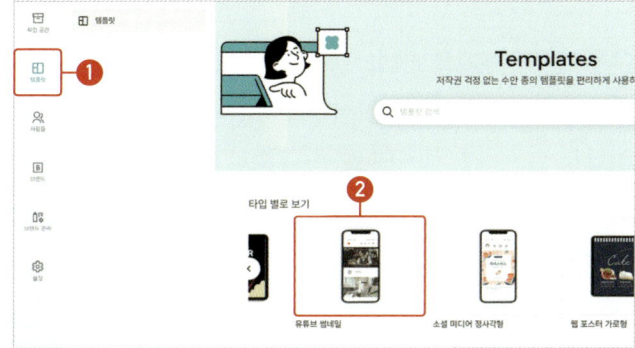

02 다양한 유튜브 섬네일 템플릿 중 마음에 드는 템플릿을 선택한 후 이 템플릿 사용하기 버튼을 클릭합니다.

03 템플릿이 적용된 작업 화면이 나타나면 텍스트의 내용이나 요소, 이미지 등을 원하는 대로 수정해 나만의 섬네일을 만들어 봅니다.

유튜브 섬네일 배경 만들기

섬네일을 만들 때에는 가독성을 고려하며 디자인해야 합니다. 특히 전달하는 내용이 잘 보이도록 텍스트가 배경에 묻히지 않게 디자인하는 것이 좋습니다.

01 먼저 배경에 들어갈 사진을 고르기 위해 왼쪽 메뉴의 [사진]을 클릭하고 원하는 내용을 검색한 후 마음에 드는 사진을 선택합니다. 예제에서는 '노트북'을 검색했습니다.

02 작업 화면에서 사진을 선택하고 사진의 꼭짓점을 대각선 방향으로 드래그하여 작업 화면 전체를 채워 줍니다.

03 사진의 좌우를 반전시키기 위해 사진을 선택하고 왼쪽 메뉴에서 [반전]-[좌우 반전]을 클릭합니다. '반전' 기능으로 사진이나 일러스트 등의 요소를 좌우, 상하 반전시킬 수 있습니다.

04 사진을 맨 뒤에 배치하기 위해 마우스 오른쪽 버튼으로 사진을 클릭하고 [순서] - [맨 뒤로 보내기]를 선택합니다. 그리고 템플릿에서 필요 없는 요소를 삭제합니다.

05 섬네일의 요소가 잘 보이도록 배경 사진의 투명도를 조절하겠습니다. 작업 화면에서 사진을 선택하고 왼쪽 메뉴에서 [투명도]를 '50%'로 설정합니다.

06 이어서 배경의 색상을 설정하기 위해 왼쪽 메뉴에서 [배경]을 클릭한 후 색상을 '회색'으로 설정합니다.

07 섬네일의 주목성을 높이기 위해 바깥쪽에 테두리를 추가하겠습니다. 왼쪽 메뉴에서 [요소] - [도형] 탭을 클릭하고 '기본 도형 테두리' 카테고리에서 첫 번째 테두리 도형을 선택합니다.

08 작업 화면에서 테두리 도형을 선택하고 꼭짓점을 대각선 방향으로 드래그하여 작업 화면 전체가 채워지게 조절합니다.

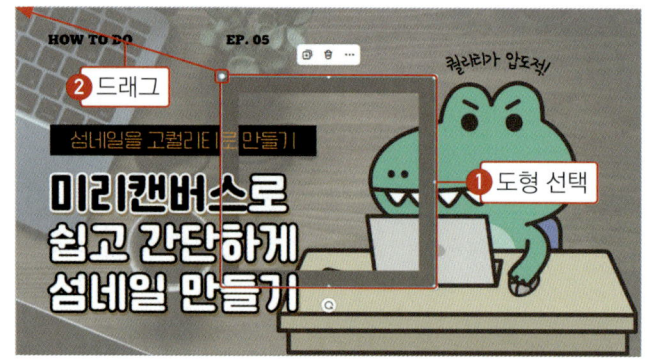

09 테두리의 색상을 눈에 띄는 색상으로 변경하기 위해 왼쪽 메뉴에서 외곽선을 밝은색으로 설정합니다.

10 이어서 외곽선의 두께를 '35'로 설정해 조금 얇게 줄여 줍니다.

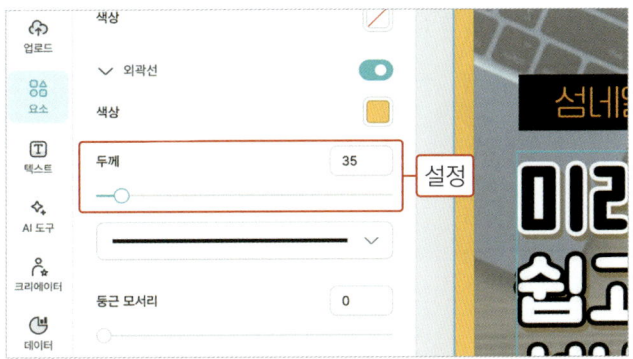

11 시선을 사로잡는 유튜브 섬네일을 완성했습니다.

유튜브 채널아트 만들기

Step 03

유튜브 채널아트가 무엇인지 살펴보고 미리캔버스의 템플릿으로 유튜브 채널아트를 간단하게 만들어 보겠습니다.

미리보기

- 사용 템플릿: 유튜브 채널아트
- 작업 사이즈: 2560 × 1440 px
- 파일 형식: PNG

채널아트란?

유튜브 채널아트란 유튜브 채널 상단에 있는 배경 이미지입니다. 간판에 가게의 상호명이나 브랜드의 로고를 넣는 것처럼 채널아트에는 보통 유튜브 채널의 이름이나 채널의 정체성을 나타내는 일러스트를 넣습니다. 채널을 방문하였을 때 가장 먼저 보이는 이미지이기 때문에 방문하는 사람들에게 좋은 인상을 남길 수 있도록 채널의 성격과 어울리게 디자인하는 것이 좋습니다.

▲ 상권쌤 유튜브 채널아트

▲ 시대에듀 유튜브 채널아트

다양한 디바이스에서 사용이 가능한 유튜브의 특성을 고려해 채널아트의 주요 부분이 잘리지 않도록 유튜브 가이드라인을 준수하며 작업합니다. 더불어 작은 화면에서도 채널아트가 잘 보이도록 심플하지만 가독성 있게 디자인합니다.

유튜브 채널아트 사이즈

유튜브 채널아트의 사이즈는 '2560×1440 px'입니다. 섬네일과 마찬가지로 제작하기 전에 사이즈를 정확히 알고 있어야 잘리는 부분이 없는 제대로 된 채널아트를 만들 수 있습니다. 만약 유튜브 가이드라인을 준수하지 않으면 이미지가 깨져 보이거나 잘려 보일 수 있으므로 주의합니다.

▲ 유튜브 채널아트 사이즈

채널아트 쉽고 빠르게 만들기

미리캔버스에서 제공하는 템플릿을 활용해 채널아트를 쉽고 빠르게 만들어 보겠습니다.

01 워크스페이스 화면 오른쪽 상단의 `새 디자인 만들기` 버튼을 클릭한 후 [유튜브] - [채널 아트(2560 × 1440 px)]를 선택합니다.

02 왼쪽 메뉴의 여러 가지 템플릿 중 마음에 드는 템플릿을 클릭해 적용합니다.

03 템플릿에서 필요 없는 요소를 삭제하고 텍스트의 내용이나 일러스트 등을 수정하여 나만의 채널아트를 만들어 봅니다.

04 이미지 파일로 저장하기 위해 오른쪽 상단의 [다운로드] 버튼을 클릭한 후 파일 형식을 [PNG]로 선택합니다. 그리고 [빠른 다운로드] 버튼을 클릭하면 이미지 파일로 다운로드됩니다.

> **Tip** 이미지 파일 형식 중 JPG는 이미지를 손실하여 압축하는 형식으로 무리하게 압축하면 이미지의 품질이 떨어질 수 있습니다. 온라인상에서 사용할 이미지는 무손실 압축 형식인 PNG 파일로 저장하는 것이 좋습니다.

> **알아두기** 네이버 블로그의 타이틀이나 스킨도 미리캔버스의 템플릿을 활용해 간단하게 제작할 수 있습니다. 워크스페이스 화면에서 오른쪽 상단의 [새 디자인 만들기] 버튼을 클릭하고 [네이버 블로그]의 [스킨(966 × 325 px)] 또는 [배경 사진(3000 × 1000 px)]을 선택해 마음에 드는 템플릿으로 디자인합니다.

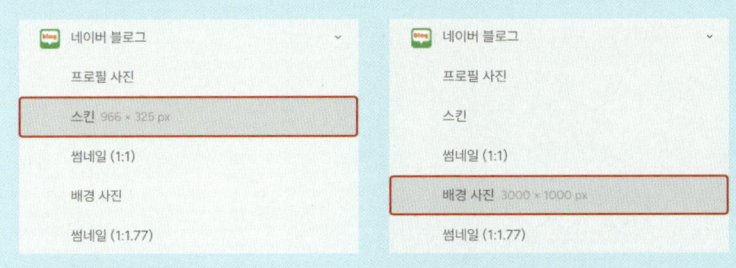

▲ 스킨(966 × 325 px)   ▲ 배경 사진(3000 × 1000 px)

'스킨(966×325 px)' 사이즈를 선택하면 블로그의 상단만 채우는 블로그 타이틀을 제작할 수 있고 '배경 사진(3000×1000px)' 사이즈를 선택하면 블로그의 상단 화면 전체를 채우는 블로그 스킨을 제작할 수 있습니다.

▲ 블로그 타이틀 예시   ▲ 블로그 스킨 예시

움직이는 GIF 이미지 만들기

GIF 파일 형식에 대해 알아보고 미리캔버스의 애니메이션 효과를 활용해 움직이는 GIF 이미지를 만들어 보겠습니다.

미리보기

- 작업 사이즈: 1280 × 720 px
- 파일 형식: GIF

GIF 이미지란?

GIF(Graphics Interchange Format)란 최대 256 색상을 지원하며 압축률이 높아 용량이 낮은 이미지 파일 형식 중 하나로 그래픽 데이터를 빠르고 효율적으로 전송하기 위해 개발되었습니다. 여러 장의 이미지를 연속으로 나타낼 수 있어 GIF로 저장한 이미지는 애니메이션처럼 보여집니다.

▲ 움직이는 GIF 이미지

GIF 이미지는 블로그나 각종 커뮤니티 등에서 '움짤(움직이는 짤)'이나 '밈(Meme)'의 형태로 사용되고 있으며, 표현력이 풍부한 비주얼 커뮤니케이션 도구로 얼굴 표정이나 움직임 등을 효과적으로 전달해 줍니다. 사람들의 시선을 사로잡고, 시각적으로 강력한 임팩트를 주기 때문에 소셜 미디어나 인터넷 쇼핑몰의 상세페이지 등에 자주 활용되고 있습니다.

GIF 파일 형식으로 저장한 이미지는 해상도가 낮아 색상이 선명하지 않고 흐리다는 한계점이 있으므로 고화질의 복잡한 이미지를 GIF 파일 형식으로 변환할 때에는 주의가 필요합니다. 미리캔버스의 GIF 파일 형식은 사이즈에 제한이 있어 '1080×1080 px'보다 큰 디자인 문서는 자동으로 사이즈가 변환되어 저장됩니다.

콘텐츠에 생동감을 더해 주는 GIF 이미지

GIF 이미지는 콘텐츠에 생동감을 더해 줍니다. 특히 섬네일에 GIF 이미지를 사용하면 일반적인 이미지에 비해 생동감이 넘치기 때문에 사람들이 콘텐츠를 클릭하도록 유도할 수 있습니다. 상세페이지에 GIF 이미지를 넣으면 제품의 앞모습, 뒷모습 등 다양한 각도에서 제품을 보여 줄 수 있어 제품을 실제 사용해 보지 못하는 온라인의 단점을 보완해 주기도 합니다.

▲ GIF 이미지를 활용한 섬네일

 ## 미리캔버스의 애니메이션 기능

미리캔버스의 애니메이션 기능은 크게 '페이지 애니메이션'과 '요소별 애니메이션' 두 가지로 구분됩니다. '페이지 애니메이션'은 작업하고 있는 페이지 전체에 하나의 애니메이션을 설정하는 것입니다. 반대로 '요소별 애니메이션'은 작업하고 있는 페이지의 요소마다 다른 애니메이션을 적용하는 기능입니다.

미리캔버스의 애니메이션 기능은 GIF 이미지 파일을 만들 때도 사용할 수 있지만, PPT 파일을 작업할 때에도 애니메이션 기능을 활용할 수 있습니다. 적용한 애니메이션 효과를 확인하고 싶다면 오른쪽 상단의 슬라이드쇼 버튼을 클릭합니다.

> **Tip** 요소별로 애니메이션을 적용한 경우 Pro 요금제 사용자는 애니메이션의 등장 및 퇴장 시간, 속도, 방향 등을 상세히 설정할 수 있습니다.

애니메이션 적용하기

이전에 제작한 유튜브 섬네일을 불러와 '페이지 애니메이션'과 '요소별 애니메이션' 기능을 적용해 보겠습니다.

페이지 애니메이션 적용하기

01 작업 화면 왼쪽 메뉴에서 [작업 공간] - [내 디자인]을 클릭한 후 이전에 작업했던 유튜브 섬네일을 선택하여 불러옵니다.

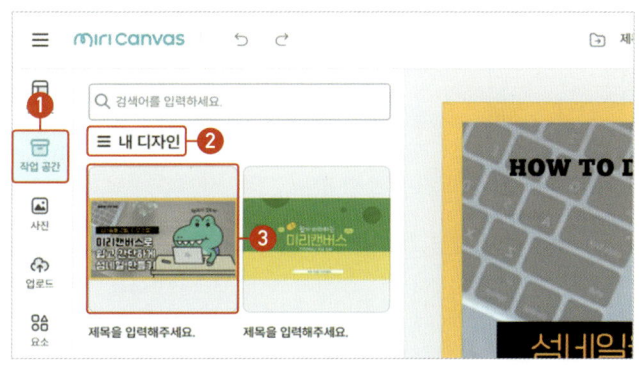

02 작업 화면 왼쪽 하단의 애니메이션 버튼을 클릭합니다.

03 왼쪽 메뉴에서 '기본' 카테고리에 있는 애니메이션 중 마음에 드는 것을 선택하여 적용해 봅니다. 애니메이션 기능을 삭제하고 싶다면 하단의 애니메이션 제거 버튼을 클릭합니다.

요소별 애니메이션 적용하기

01 이번에는 애니메이션을 적용할 요소나 텍스트를 선택한 후 왼쪽 메뉴에서 [애니메이션] 탭을 클릭하고 마음에 드는 애니메이션을 선택합니다.

02 다른 텍스트나 요소에도 **01**과 같은 방법으로 애니메이션을 적용해 봅니다.

03 텍스트가 30 글자를 넘지 않고, 그림자나 곡선 효과가 없을 경우 '타자기'나 '튀기기' 애니메이션 효과를 사용할 수 있습니다.

애니메이션 재생 시간 조절 후 GIF 파일로 다운로드하기

적용한 애니메이션의 재생 시간을 조절한 후 GIF 파일로 다운로드해 보겠습니다.

01 작업 화면 오른쪽 하단의 [디자인 에디터] 버튼을 클릭해 [동영상 에디터] 버튼으로 변경합니다. 왼쪽 하단의 ▶ 버튼을 클릭하면 애니메이션이 재생됩니다. [⏱ 5초] 버튼을 클릭하면 페이지 재생 시간을 조절할 수 있습니다.

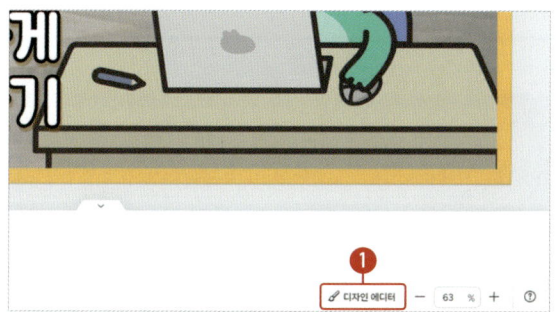

> **Tip** 페이지 재생 시간을 짧게 설정할수록 애니메이션의 시작과 끝이 반복적으로 재생됩니다. 생동감 있고 역동적인 GIF 이미지를 제작할 수 있지만, 속도가 조금 빠르게 느껴질 수 있습니다.

02 오른쪽 상단의 [다운로드] 버튼을 클릭하고 파일 형식을 [GIF]로 선택한 후 하단의 [다운로드] 버튼을 클릭합니다. 움직이는 GIF 이미지 만들기를 완성했습니다.

> **Tip** 무료 요금제 사용자는 하루에 일곱 번만 GIF 파일 형식으로 다운로드할 수 있으므로 참고합니다.

Step 05 · 인트로 동영상 만들기

인트로 동영상이란 무엇인지 살펴본 후 미리캔버스의 템플릿을 활용해 인트로 동영상을 만들어 보겠습니다.

미리보기

- **사용 템플릿**: 파랑의 심플한 회사생활 팁 동영상 표지
- **작업 사이즈**: 1920 × 1080 px
- **파일 형식**: MP4

인트로란?

'인트로(Intro)'란 '소개(Introduction)'의 줄임말로 영화나 드라마의 도입부를 가리킵니다. 영화나 드라마의 인트로에서는 등장인물이나 작품의 배경을 소개하지만, 유튜브나 인스타그램과 같은 플랫폼의 콘텐츠에서는 인트로에 유튜브 채널명, 콘텐츠 미리보기 등을 집어넣습니다.

▲ '국제한국어교육자연구회' 유튜브 채널 인트로

조사에 따르면 사람들이 콘텐츠를 시청할 것인지 결정하는 데 걸리는 시간은 단 '4초 이내'라고 합니다. 그만큼 인트로가 사람들의 관심을 집중시키지 못하면 콘텐츠를 시청하지 않을 가능성이 높아지는 것인데요. 다양한 콘텐츠가 넘쳐나는 요즘에는 인트로로 사람들의 관심을 사로잡는 것이 중요한 포인트로 작용하고 있습니다.

템플릿을 활용한 인트로 동영상 만들기

미리캔버스에서 제공하는 템플릿을 활용해 인트로 동영상을 만들어 보겠습니다.

01 워크스페이스 화면 왼쪽 메뉴의 [템플릿]을 클릭한 후 '타입 별로 보기' 카테고리에서 [동영상]을 선택합니다. 여러 가지 템플릿 중 원하는 디자인의 템플릿을 선택하고 [이 템플릿 사용하기] 버튼을 클릭합니다.

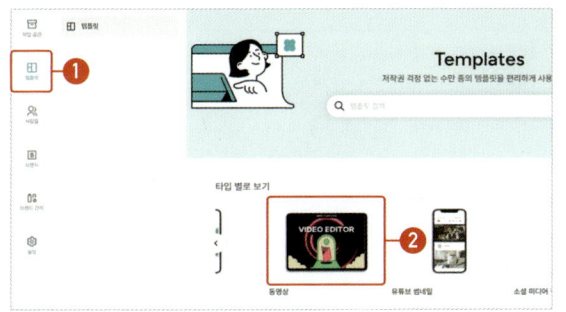
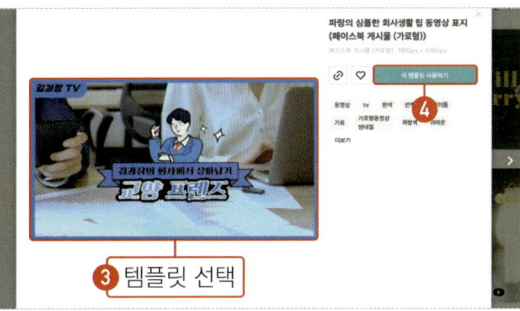

02 템플릿이 적용된 작업 화면이 나타나면 먼저 필요 없는 요소를 삭제합니다.

> **Tip** 작업 화면에 'MIRICANVAS'라고 적혀있는 것을 워터마크라고 합니다. 미리캔버스의 워터마크는 유료 요소의 저작권을 보호하기 위한 것으로 Pro 요금제를 사용하면 사라집니다.

03 텍스트의 내용, 글꼴, 색상 등을 수정해 봅니다.

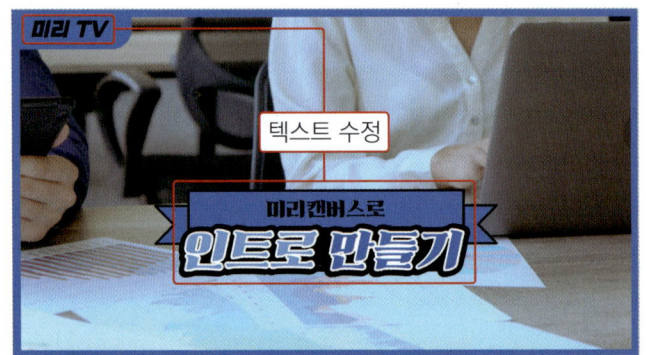

04 왼쪽 하단의 ▶ 버튼을 클릭해 동영상을 확인한 후 15초 버튼을 클릭해 페이지 재생 시간을 '5초'로 설정합니다.

05 배경에 동영상을 추가하기 위해 왼쪽 메뉴에서 [동영상]을 클릭하고 검색창에 '노트북'을 입력한 후 Enter 를 눌러 검색합니다. 마음에 드는 동영상을 선택하세요.

06 작업 화면에서 동영상을 선택하고 왼쪽 메뉴에서 '구간 자르기'의 청록색 바를 드래그하여 동영상의 구간을 설정합니다. **04**에서 설정한 '페이지 재생 시간'에 맞춰 '5초'로 설정해 주세요. 이어서 [투명도]를 클릭해 '50%'로 설정합니다.

07 추가한 동영상을 배경에 적용하기 위해 동영상을 클릭한 상태에서 드래그합니다. 작업 화면 왼쪽 하단의 ▶ 버튼을 클릭해 영상이 재생되는지 확인합니다.

오디오 기능을 활용해 인트로 완성하기

배경음과 효과음을 적절하게 넣어 인트로 동영상을 완성해 보겠습니다.

01 인트로에 배경음을 추가하기 위해 왼쪽 메뉴의 [오디오]-[배경음] 탭을 클릭한 후 리스트에 있는 배경음 중 마음에 드는 배경음을 선택합니다.

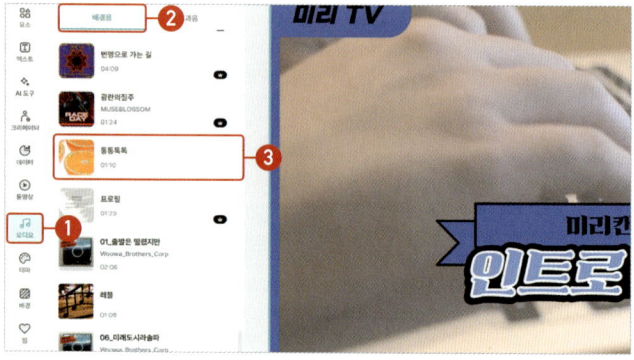

02 왼쪽 메뉴의 '구간 자르기'에서 배경음의 재생 구간을 설정합니다. '페이지 재생 시간'에 맞춰 '5초'로 설정해 주세요. 이어서 배경음의 볼륨을 설정합니다.

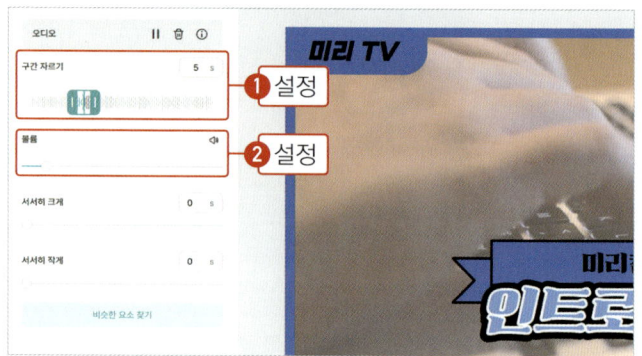

03 인트로가 시작될 때 배경음이 갑자기 시작되었다가 끝나지 않도록 '서서히 크게'와 '서서히 작게'를 '1초'로 설정합니다.

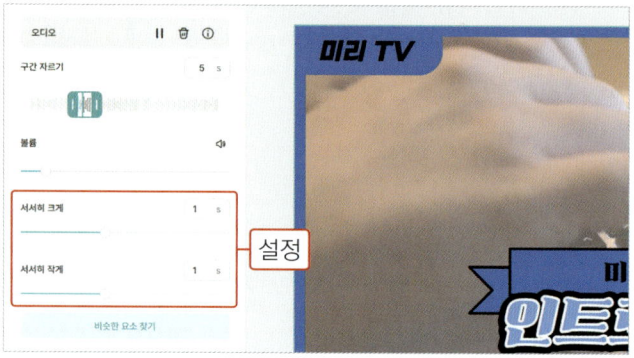

04 이번에는 효과음을 추가하기 위해 효과음을 추가할 위치로 타임라인을 드래그하고 [오디오] - [효과음] 탭을 클릭해 마음에 드는 효과음을 선택합니다.

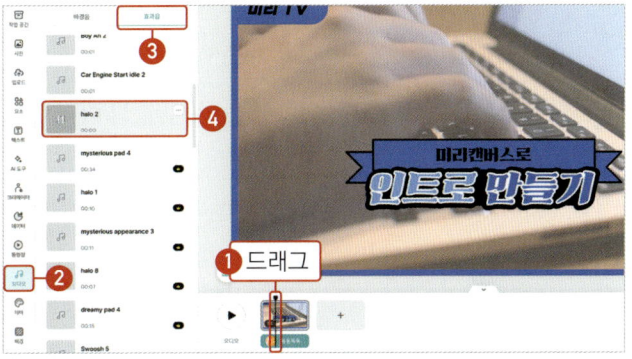

05 왼쪽 메뉴에서 효과음의 재생 구간과 볼륨을 설정합니다.

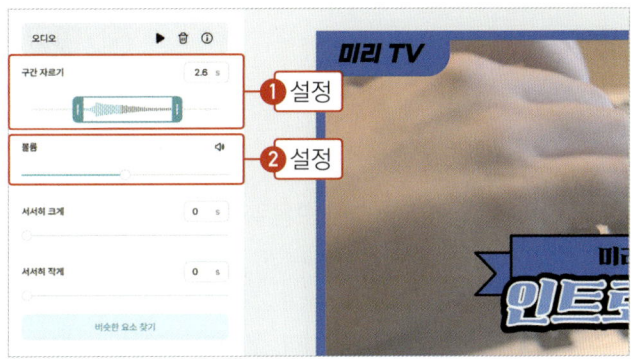

06 인트로에 효과음을 더 추가하고 싶다면 효과음을 추가할 위치로 타임라인을 드래그하고 [오디오] - [효과음] 탭을 클릭해 마음에 드는 효과음을 선택합니다.

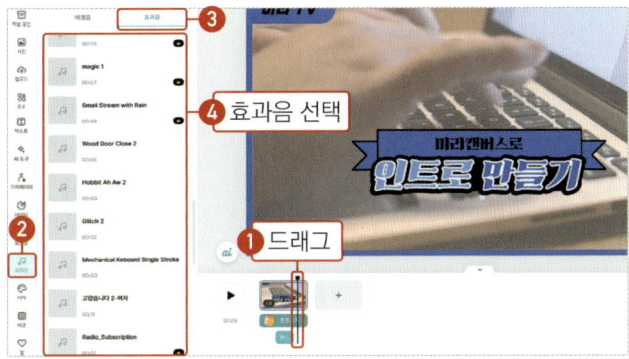

Chapter 03 쉽고 간단한 SNS 콘텐츠 만들기 103

동영상 파일로 다운로드하기

작업한 내용을 동영상 파일로 다운로드해 보겠습니다.

01 하단의 ▶ 버튼을 클릭해 인트로에서 수정할 부분이 없는지 살펴봅니다.

02 수정할 부분이 없다면 오른쪽 상단의 다운로드 버튼을 클릭하고 파일 형식을 [MP4]로 선택한 후 하단의 다운로드 버튼을 클릭합니다. 인트로 동영상을 완성했습니다.

> **Tip** 무료 요금제 사용자는 하루에 일곱 번만 MP4 파일 형식으로 다운로드할 수 있으므로 참고합니다.

Step 06 유튜브 쇼츠 만들기

'숏폼(Short-From)'이란 무엇인지 살펴보고 미리캔버스의 템플릿을 이용해 유튜브에 업로드할 쇼츠 동영상을 만들어 보겠습니다.

미리보기

- **사용 템플릿**: 블루배경의 아기자기한 요소들을 활용한 진로 고민 로드맵 작성법 홍보
- **작업 사이즈**: 1080 × 1920 px
- **파일 형식**: MP4

숏폼이란?

숏폼(Short-Form)은 15초~10분가량의 짧은 동영상 콘텐츠입니다. 대표적인 숏폼 콘텐츠 플랫폼으로는 유튜브의 '쇼츠'나 인스타그램의 '릴스', '틱톡' 등이 있습니다. 숏폼 콘텐츠는 우리가 일반적으로 보는 가로 비율의 영상이 아닌 세로 비율(1080×1920 px)의 영상이기 때문에 스마트폰 화면을 가로로 전환하는 번거로움 없이 영상을 시청할 수 있습니다. 짧은 시간 동안 여러 개의 콘텐츠를 감상할 수 있어 바쁜 일상 속에서도 콘텐츠를 소비하려는 현대인들의 요구에 부응하며 숏폼 콘텐츠의 인기는 나날이 높아지고 있습니다.

▲ 미리캔버스로 제작한 숏폼 콘텐츠

숏폼 콘텐츠는 짧은 시간 동안 많은 사람들에게 빠른 속도로 노출되기 때문에 요즘에는 마케팅 수단으로도 활용되고 있으며, 앞으로 더욱 발전해 나갈 것으로 예상됩니다. 가장 대중성이 있는 유튜브 쇼츠의 경우 수익화 조건을 충족하면 영상 업로드를 통해 수익을 창출할 수 있습니다.

미리캔버스에서 유튜브 쇼츠 영상을 만들 때에는 최대 60초를 넘지 않도록 제작해야 합니다. 작은 화면에서도 가독성이 있도록 텍스트를 입력하는 것이 중요하며, 콘텐츠를 재생했을 때 쇼츠의 주요 부분이 잘리지 않도록 유튜브 가이드라인을 준수해야 합니다.

템플릿을 활용한 유튜브 쇼츠 만들기

미리캔버스의 템플릿을 활용해 유튜브 쇼츠를 만들어 보겠습니다.

01 워크스페이스 왼쪽 메뉴의 [템플릿]을 클릭하고 '타입 별로 보기' 카테고리에서 [동영상]을 선택합니다. 여러 가지 템플릿 중 세로로 된 디자인의 템플릿을 선택하고 이 템플릿 사용하기 버튼을 클릭합니다.

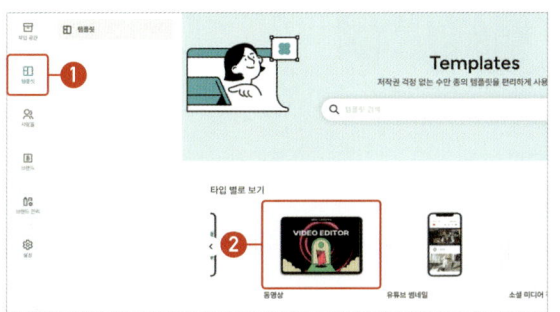

02 템플릿이 적용된 작업 화면이 나타나면 먼저 필요 없는 요소를 삭제합니다. 이어서 텍스트의 내용, 색상 등을 원하는 대로 변경합니다.

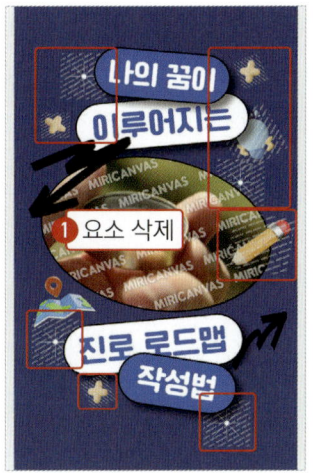
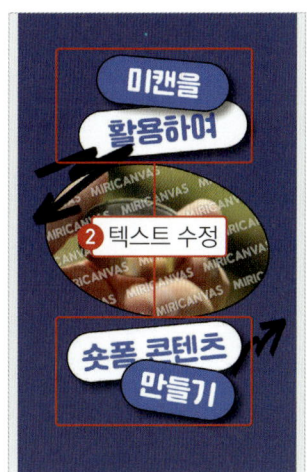

03 오른쪽 하단의 화살표 요소를 삭제하고 왼쪽 메뉴에서 [요소] – [일러스트] 탭을 클릭합니다. 검색창에 '마우스'를 검색한 후 마음에 드는 요소를 선택합니다.

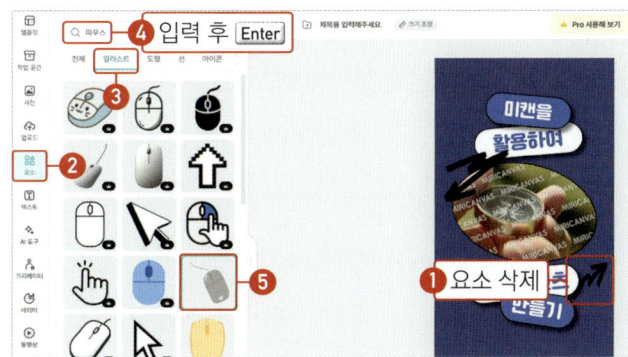

04 작업 화면에서 요소의 크기와 위치를 조절합니다.

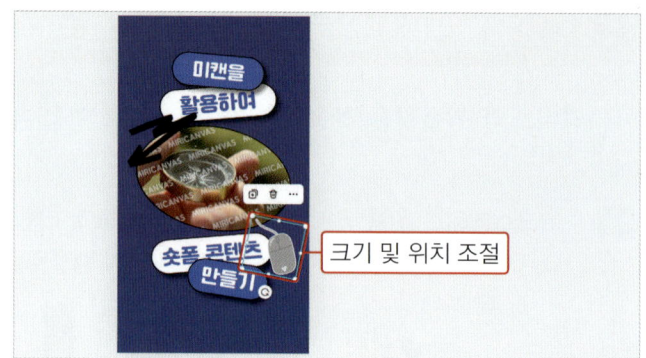

05 이번에는 왼쪽 상단의 화살표 요소를 교체하기 위해 [요소]를 클릭하고 검색창에 '노트북'을 입력한 후 Enter 를 눌러 줍니다.

06 마음에 드는 요소를 왼쪽 상단의 화살표 요소 위로 드래그하면 요소가 교체됩니다. 작업 화면에서 요소의 크기와 위치를 조절합니다.

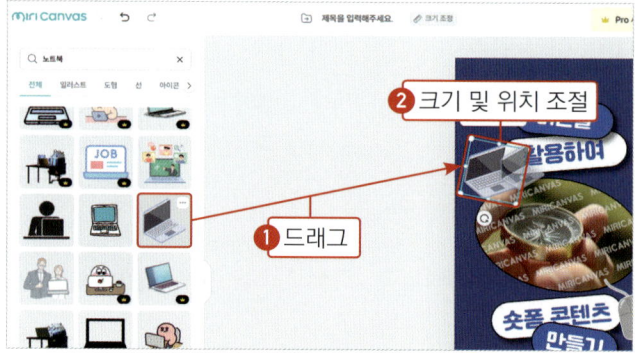

07 쇼츠 화면 가운데에 동영상을 추가해 봅니다. 예제에서는 '업로드' 기능을 이용해 동영상을 추가하겠습니다. 작업 화면 왼쪽 메뉴의 [업로드]를 선택하고 업로드 버튼을 클릭합니다.

08 컴퓨터에 저장되어 있는 동영상을 선택한 후 오른쪽 하단의 열기 버튼을 클릭하면 동영상이 업로드됩니다.

> **Tip** 미리캔버스에서 제공하는 동영상을 사용해도 되지만 '픽사베이(pixabay.com)', '커버(coverr.co)' 등의 사이트에서 필요한 영상을 무료로 다운로드해도 좋습니다.

09 업로드한 동영상을 클릭하면 작업 화면에 동영상이 적용됩니다. 작업 화면에서 동영상을 선택하고 왼쪽 메뉴의 '구간 자르기'에서 동영상의 재생 구간을 설정합니다.

 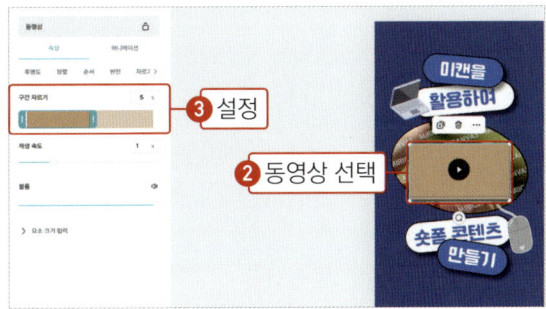

Chapter 03 쉽고 간단한 SNS 콘텐츠 만들기

10 작업 화면에서 동영상을 클릭한 상태로 드래그해 동영상을 프레임 안으로 삽입합니다.

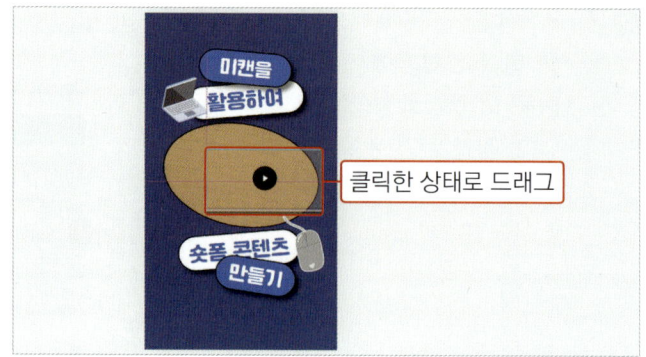

11 텍스트나 요소에 애니메이션을 추가하여 생동감을 더해 줍니다. 작업 화면에서 애니메이션을 적용할 텍스트를 선택한 후 [애니메이션] 탭을 클릭하고 마음에 드는 애니메이션을 선택합니다.

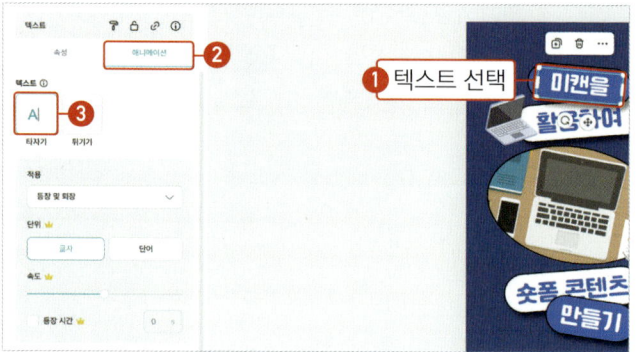

12 쇼츠 동영상에 배경음을 추가하기 위해 배경음을 추가할 위치로 타임라인을 드래그한 후 왼쪽 메뉴에서 [오디오]를 클릭하고 [배경음] 탭에서 마음에 드는 배경음을 선택합니다.

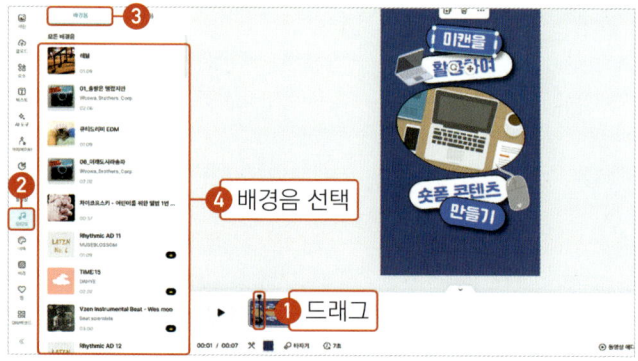

13 작업 화면 하단의 타임라인에서 배경음에 마우스를 올리고 오른쪽의 검은색 바를 드래그하여 배경음의 길이를 조절해 봅니다.

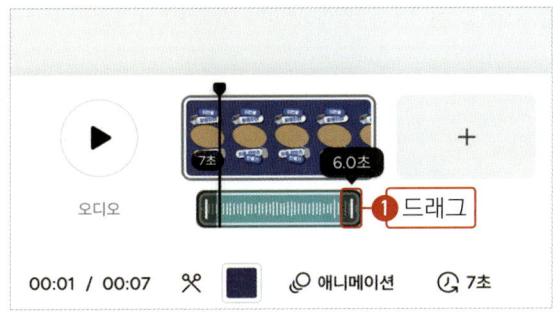 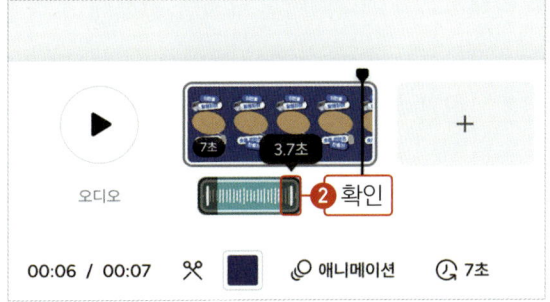

14 왼쪽 메뉴에서 배경음의 볼륨과 '서서히 크게', '서서히 작게'를 설정해 봅니다.

15 작업 화면 왼쪽 하단의 ▶ 버튼을 클릭하여 애니메이션이나 배경음 등에서 수정할 곳이 없는지 살펴봅니다.

애니메이션 요소로 쇼츠 꾸미기

미리캔버스의 애니메이션 요소를 활용해 쇼츠 동영상을 조금 더 완성도 있게 만들어 보겠습니다.

01 작업 화면 왼쪽 메뉴의 [요소] – [애니] 탭을 클릭하고 요소를 검색하거나 마음에 드는 요소를 선택해 작업 화면에 적용한 후 요소의 크기와 위치를 조절합니다.

02 이어서 다른 애니메이션 요소도 추가하여 쇼츠 동영상을 예쁘게 꾸며 줍니다.

03 노트북과 마우스 요소에도 애니메이션을 추가하기 위해 각각의 요소를 선택하고 [애니메이션] 탭에서 '털어주기'와 '달려오기' 애니메이션 효과를 적용합니다.

동영상 파일로 다운로드하기

작업한 내용을 동영상 파일로 다운로드하겠습니다.

01 작업 화면 왼쪽 하단의 ▶ 버튼을 클릭하여 요소나 애니메이션 등에서 수정할 곳이 없는지 살펴봅니다.

02 수정할 부분이 없다면 오른쪽 상단의 다운로드 버튼을 클릭하고 파일 형식을 [MP4]로 선택한 후 하단의 다운로드 버튼을 클릭합니다. 인트로 동영상을 완성했습니다.

Step 07 · 나만의 아바타 만들기

미리캔버스의 '레이어' 기능을 살펴보고 나만의 개성과 특징이 담긴 아바타를 만들어 보겠습니다.

미리보기

- 작업 사이즈: 1080 × 1080 px
- 파일 형식: PNG

레이어란?

레이어(Layer)란 '층' 또는 '계층'이라는 뜻으로 그림을 그리거나 이미지를 편집하는 프로그램에 탑재되어 있는 기능입니다. 아래 그림과 같이 한 페이지에 풍경을 그리는 것이 아닌 하늘, 산, 태양을 각각 따로따로 그린 후에 순서대로 겹쳐 놓는 것이 바로 레이어의 개념입니다. 그림을 겹칠 때는 가장 처음에 그린 그림이 맨 뒤로 가고, 가장 마지막에 그린 그림이 맨 앞으로 오게 됩니다.

▲ 레이어의 개념

디자인 작업물이 여러 개의 레이어로 나뉘어 있으면 레이어를 분리하여 작업할 수 있기 때문에 배경 레이어와 메인 레이어를 언제든지 손쉽게 수정할 수 있습니다. 레이어는 독립적인 요소이기 때문에 하나의 레이어에서 변경한 사항이 다른 레이어에 영향을 주지 않습니다.

미리캔버스에서 요소를 삭제하거나 수정할 때 여러 개의 요소가 겹쳐 있으면 요소를 선택하기 어려울 수 있는데, 이때 레이어를 활성화하면 선택이 어려운 작은 요소나 숨겨져 있는 요소를 손쉽게 선택할 수 있어 유용합니다. 미리캔버스의 레이어는 왼쪽 상단의 ☰ 버튼 - [레이어 순서]를 클릭하거나 단축키 Ctrl + Shift + Y 를 눌러 활성화할 수 있습니다.

레이어 기능을 활용한 아바타 만들기

미리캔버스의 '레이어' 기능을 활용해 나만의 아바타를 만들어 볼까요?

01 워크스페이스 화면 오른쪽 상단의 새 디자인 만들기 버튼을 클릭하고 [카드뉴스(1080 × 1080 px)]를 선택합니다.

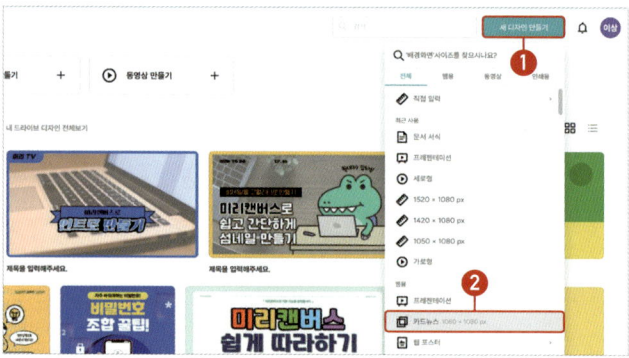

02 작업 화면 왼쪽 메뉴의 [요소] – [일러스트] 탭을 클릭하고 검색창에 '아바타 얼굴'을 입력한 후 Enter 를 누릅니다.

03 검색 결과 중 마음에 드는 아바타 얼굴을 선택하고 작업 화면에서 요소의 크기와 위치를 조절합니다.

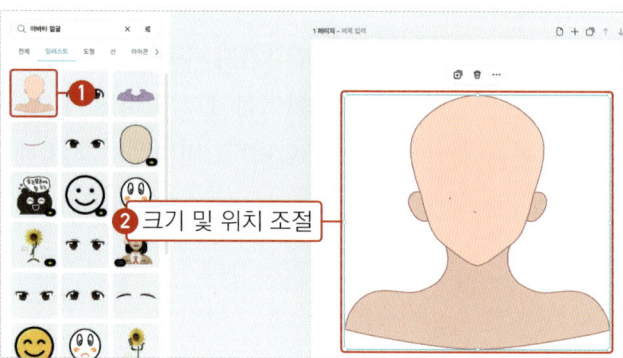

04 다시 왼쪽 메뉴에서 [요소] - [컬렉션] 탭을 클릭하고 검색창에 '아바타'를 입력한 후 Enter 를 눌러 검색합니다.

05 검색 결과 중에 마음에 드는 눈과 입 요소를 선택하고 작업 화면에서 요소의 크기와 위치를 조절합니다.

06 레이어를 활성화하기 위해 작업 화면 왼쪽 상단의 ≡ 버튼 - [레이어 순서]를 클릭합니다.

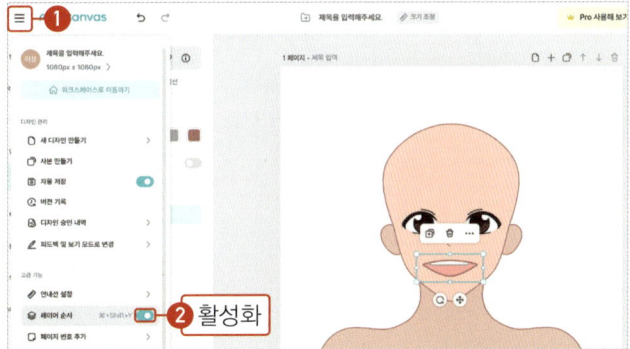

> **Tip** 레이어가 활성화되면 작업 화면 오른쪽에 레이어 목록이 나타납니다. 레이어를 클릭한 상태에서 위아래로 드래그하면 레이어의 순서를 변경할 수 있습니다.

07 왼쪽 메뉴에서 [요소]를 클릭하고 컬렉션으로 검색한 요소 중 뒷머리 요소를 선택합니다. 뒷머리 요소가 아바타 얼굴 뒤로 가도록 레이어 목록에서 뒷머리 요소의 레이어를 아래로 드래그하여 위치를 변경합니다.

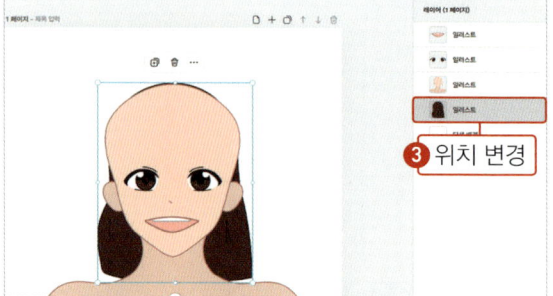

08 이번에는 마음에 드는 눈썹 요소와 헤어 요소를 선택한 후 크기와 위치를 적절하게 조절합니다.

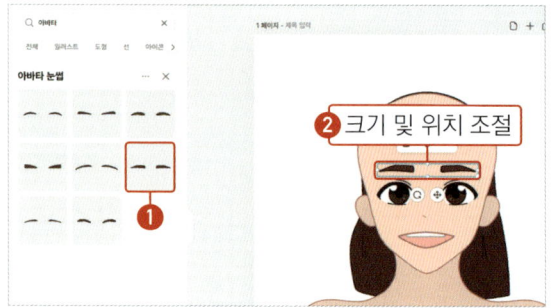

09 다음은 마음에 드는 의상 요소를 선택해 크기와 위치를 적절하게 조절합니다.

10 아바타 얼굴, 헤어, 의상 요소 중에서 색상을 바꾸고 싶은 요소를 선택하고 왼쪽 메뉴에서 원하는 색으로 변경해 봅니다.

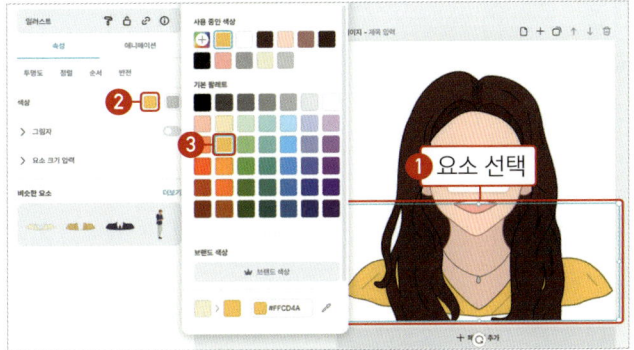

> **Tip** '비트맵' 요소는 색상을 변경할 수 없고 '벡터(일러스트)' 요소만 색상을 변경할 수 있습니다.

11 아바타를 하나의 개체로 그룹화하기 위해 레이어 목록에서 각각의 요소를 Shift 를 누른 상태로 클릭해 선택하고 하단의 버튼을 클릭합니다.

12 아바타에 이름을 표기하기 위해 왼쪽 메뉴에서 [요소]를 클릭하고 검색창에 '이름표'를 검색한 후 마음에 드는 요소를 선택합니다.

13 레이어 목록에서 필요 없는 요소를 선택하고 🗑 버튼을 클릭해 삭제합니다.

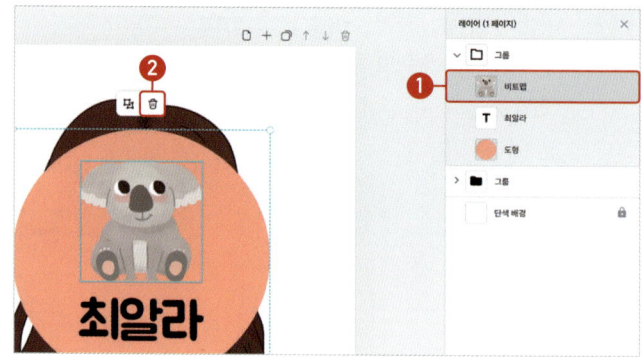

14 그룹을 구분하기 위해 이름표 그룹의 이름을 더블 클릭한 후 '이름표'로 수정합니다. '이름표' 그룹이 맨 뒤로 가도록 레이어 목록에서 드래그하여 위치를 변경합니다. 맨 뒤로 보내기의 단축키 Ctrl + Shift + [를 눌러도 좋습니다.

15 아바타가 이름표 안에 들어가도록 크기와 위치를 조절한 후 이름표의 내용, 글꼴, 색상 등을 수정합니다.

투명한 배경의 이미지 파일로 다운로드하기

작업한 내용을 투명한 배경의 이미지 파일로 다운로드하겠습니다.

01 배경이 투명한 이미지 파일로 저장하기 위해 오른쪽 상단의 다운로드 버튼을 클릭합니다. 파일 형식을 [PNG]로 선택하고 '투명한 배경'에 체크한 후 빠른다운로드 버튼을 클릭합니다.

Tip 투명한 배경의 이미지 파일은 배경이 투명하기 때문에 다른 곳에 활용하기 좋습니다.

▲ 배경이 투명하지 않은 이미지 파일   ▲ 배경이 투명한 이미지 파일

Chapter
04

자영업자와 직장인을 위한 콘텐츠 만들기

이번에는 미리캔버스의 템플릿으로 로고, 명함, 홍보 배너, PPT 템플릿을 만들어 보겠습니다. 특별히 디자인에 대한 지식이나 미적 감각이 없어도 미리캔버스의 템플릿을 활용하면 충분히 완성도 높은 결과물을 얻을 수 있습니다.

○1 　나만의 로고와 명함 만들기
○2 　홍보 배너 만들기
○3 　깔끔한 PPT 템플릿 만들기

Step 01 · 나만의 로고와 명함 만들기

미리캔버스의 템플릿을 활용해 나만의 로고와 명함을 만들어 볼까요? 예제에서는 수제 햄버거 가게의 로고와 명함을 제작해 보겠습니다.

미리보기

로고

명함

- **사용 템플릿:** 로고 – 토토떡집
  명함 – 회색의 심플한 커피잔 심볼의 카페
- **작업 사이즈:** 로고 – 500 × 500 px / 명함 – 94 × 54 mm
- **파일 형식:** 로고 – PNG / 명함 – JPG

로고란?

로고(Logo)란 기업이나 기관의 상표나 브랜드를 표시하기 위해 사용하는 시각 디자인입니다. 로고는 특정 제품이나 브랜드를 대표하는 이미지로 사람들이 브랜드를 잘 기억할 수 있도록 홍보하기 위해 사용됩니다. 로고는 단순한 그래픽 디자인을 넘어 브랜드의 정체성을 나타내는 중요한 수단이기도 합니다. 로고를 디자인할 때에는 브랜드의 상징, 가치관, 철학 등이 나타나도록 전략적으로 디자인해야 합니다.

▲ 미리캔버스로 제작한 로고

요즘에는 로고의 사용 범위가 확장되어 명함, 포스터, 리플릿과 같은 인쇄 매체뿐만 아니라 SNS 프로필 이미지, 웹사이트, 브랜드 앱과 같은 디지털 매체에서도 로고를 활용하고 있습니다. 다양한 콘텐츠와 제품이 넘쳐나는 요즘 같은 시대에는 트렌디하고 개성이 넘치는 로고로 사람들에게 브랜드를 각인시키는 것이 중요합니다.

로고는 작은 요소이지만 브랜드의 대표 이미지이자 정체성이기 때문에 브랜드 마케팅에서 결코 무시할 수 없는 중요한 역할을 합니다. 예를 들어 제품의 품질이 좋다면 사람들은 로고를 통해 브랜드를 기억하게 되고 자연스럽게 해당 브랜드의 로고가 있는 제품에는 신뢰감이 쌓이게 됩니다. 나중에는 브랜드의 로고만 보고 상품을 구매하기도 하기 때문에 로고는 브랜드를 알릴 수 있는 강력한 홍보 수단이기도 합니다.

로고의 종류

로고의 종류는 형태와 스타일에 따라 다양하게 분류할 수 있습니다. 종류에 따라 달라지는 로고의 특징을 알아보기 위해 대표적으로 '워드마크 로고'와 '심볼 로고' 그리고 '콤비네이션 로고'를 살펴보겠습니다.

로고를 디자인할 때에는 브랜드의 특징이나 타깃 고객층을 고려하여 어떤 형태의 로고가 가장 적합할지 생각해 봐야 합니다. 예를 들어 텍스트 기반의 로고는 브랜드의 이름을 강조하고 싶을 때 사용할 수 있고, 이미지나 캐릭터 기반의 로고는 브랜드의 특징을 시각적으로 표현하고 싶을 때 사용할 수 있습니다. 로고의 종류에 따라 로고의 모양과 브랜드의 방향성이 달라지게 됩니다.

워드마크 로고

워드마크 로고는 이름에서도 알 수 있듯이 텍스트로 구성된 로고입니다. 보통 기업이나 브랜드의 이름으로 로고를 제작하기 때문에 로고를 통해 기업이나 브랜드의 인지도를 향상시킬 수 있습니다. 워드마크 로고를 만들 때에는 글꼴, 텍스트의 크기, 색상, 배열 등의 모든 요소가 브랜드의 성격을 나타내도록 디자인해야 합니다.

▲ 워드마크 로고 예시

심볼 로고

심볼 로고는 기업이나 브랜드의 아이콘을 활용한 로고입니다. 텍스트를 사용하지 않기 때문에 기업이나 브랜드의 상징과 이미지가 직관적으로 나타나야 합니다. 너무 복잡해지지 않도록 심플하면서 시선을 사로잡는 색상이나 아이콘을 활용하는 것이 좋습니다. 심볼 로고를 만들기 위해서는 전문적인 디자인 지식과 경험이 필요하므로 미리캔버스와 같은 디자인 플랫폼에서 다양한 레퍼런스를 참고하는 것이 좋습니다.

▲ 심볼 로고 예시

콤비네이션 로고

콤비네이션 로고는 워드마크 로고와 심볼 로고가 합쳐진 형태입니다. 이름에서도 알 수 있듯이 텍스트와 아이콘을 모두 사용해 로고를 제작합니다. 브랜드의 이름과 심볼을 함께 나타낼 수 있어 브랜드의 인지도를 높이는 데 매우 유리합니다. 콤비네이션 로고를 디자인할 때에는 텍스트와 아이콘 이 두 가지 요소가 서로 보완되면서 강조되게 구성해야 합니다.

▲ 콤비네이션 로고 예시

템플릿을 활용한 로고 만들기

미리캔버스의 템플릿을 활용해 수제 햄버거 가게의 로고를 만들어 보겠습니다.

01 워크스페이스 화면에서 왼쪽 메뉴의 [템플릿]을 클릭합니다. '타입 별로 보기' 카테고리에서 [로고/프로필]을 선택합니다.

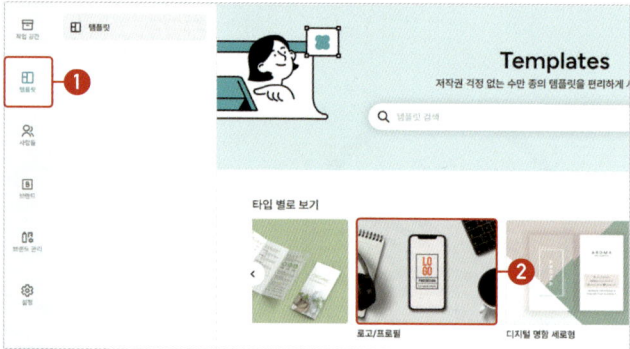

02 로고/프로필 템플릿 중에서 마음에 드는 디자인의 템플릿을 선택한 후 이 템플릿 사용하기 버튼을 클릭합니다.

03 템플릿에서 필요 없는 요소를 삭제하고 텍스트의 내용, 색상, 글꼴 등을 원하는 대로 변경합니다.

04 왼쪽 메뉴에서 [요소] - [아이콘] 탭을 클릭하고 검색창에 '햄버거'를 입력한 후 Enter 를 눌러 마음에 드는 요소를 선택합니다.

Tip 요소 메뉴의 [아이콘] 탭은 미리캔버스에서 제공하는 아이콘 요소만 모아 놓은 탭입니다. 사용 목적에 따라 구별되어 있는 탭을 활용해 보세요.

05 작업 화면에서 요소의 크기와 위치를 적절히 조절한 후 왼쪽 메뉴에서 '그림자' 효과를 활성화한 후 방향, 투명도, 거리 등을 설정해 요소에 입체감을 더해 줍니다.

06 배경이 투명한 이미지 파일로 저장하기 위해 오른쪽 상단의 [다운로드] 버튼을 클릭합니다. 파일 형식은 [PNG]를 선택하고 '투명한 배경'에 체크한 후 [빠른 다운로드] 버튼을 클릭합니다.

Chapter 04 자영업자와 직장인을 위한 콘텐츠 만들기

로고와 템플릿을 활용해 명함 만들기

방금 전 만든 로고와 미리캔버스의 템플릿을 활용해 햄버거 가게의 명함을 만들어 보겠습니다.

01 워크스페이스 화면에서 왼쪽 메뉴의 [템플릿]을 클릭합니다. '타입 별로 보기' 카테고리에서 [명함 가로형]을 선택합니다.

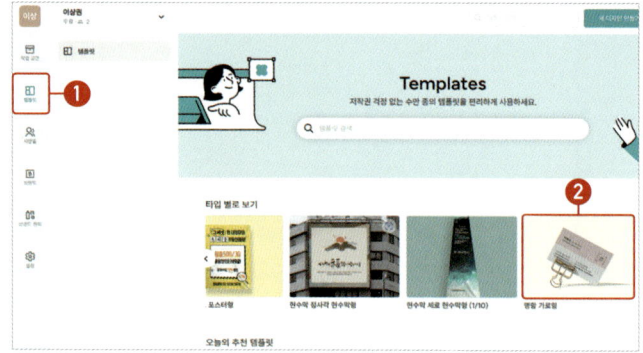

02 명함 가로형 템플릿 중에서 마음에 드는 디자인의 템플릿을 선택한 후 이 템플릿 사용하기 버튼을 클릭합니다.

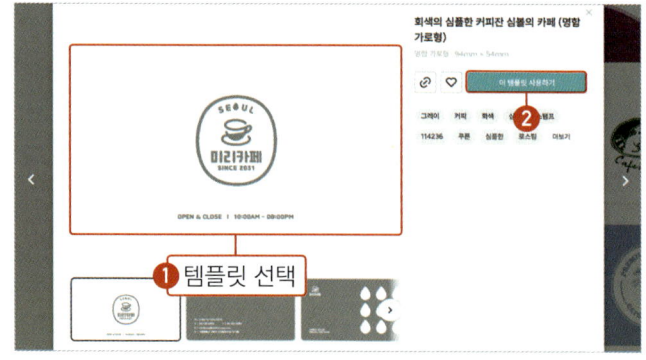

03 미리캔버스로 로고 이미지를 불러오기 위해 왼쪽 메뉴에서 [업로드]를 선택하고 업로드 버튼을 클릭합니다. 로고 이미지를 선택한 후 오른쪽 하단의 열기 버튼을 클릭합니다.

 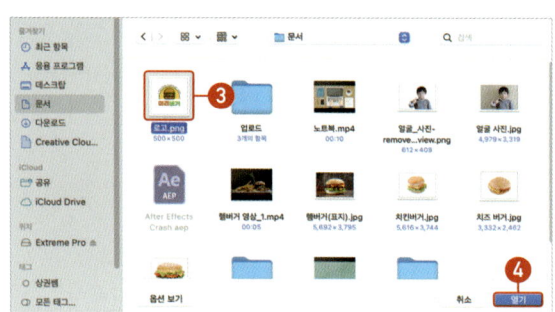

04 왼쪽 메뉴의 '파일'에서 로고 이미지를 클릭해 작업 화면에 적용합니다.

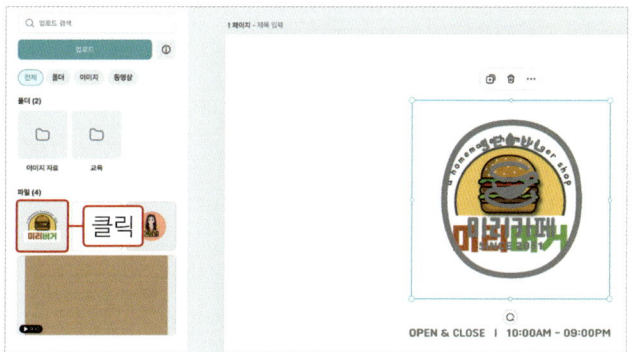

05 명함의 앞면을 만들기 위해 요소를 선택하고 왼쪽 메뉴의 그룹 해제하기 버튼을 클릭합니다.

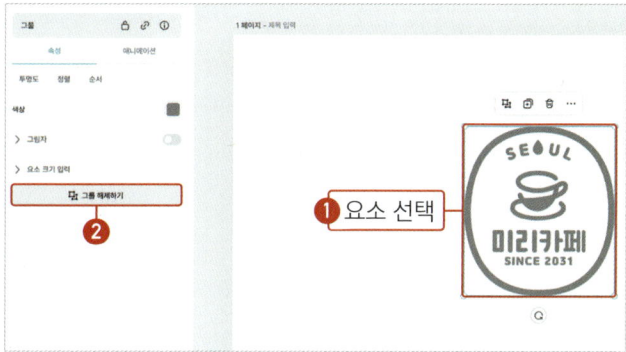

06 작업 화면에서 필요 없는 요소를 삭제하고 요소의 색상과 크기, 텍스트의 내용 등을 수정합니다.

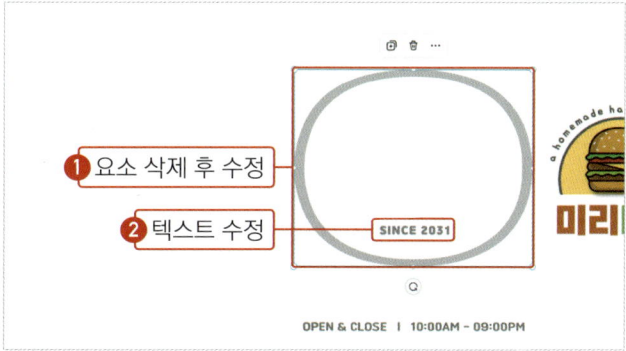

07 로고의 크기와 위치를 적절히 조절하여 가운데에 배치합니다.

08 명함의 뒷면을 만들기 위해 두 번째 페이지로 넘어가 필요 없는 요소를 삭제하고 텍스트의 내용이나 색상 등을 원하는 대로 변경합니다.

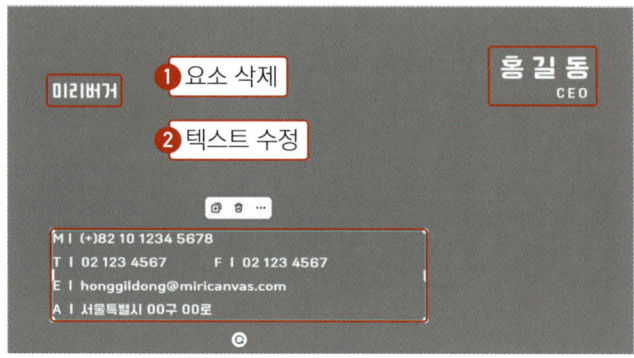

09 페이지를 추가한 후 왼쪽 메뉴의 [작업 공간] – [내 디자인]에서 로고 디자인을 불러옵니다. 명함 뒷면에 넣고 싶은 요소를 마우스 오른쪽 버튼으로 클릭 – [복사]를 선택합니다. 다시 명함 뒷면의 작업 화면으로 돌아가 마우스 오른쪽 버튼 클릭 – [붙여넣기]를 선택합니다.

> **Tip** 미리캔버스는 다른 공간에서 작업한 일러스트, 텍스트 등의 요소를 복사할 수 있습니다.

10 붙여넣기한 요소의 크기와 위치를 조절하고 왼쪽 메뉴에서 색상이나 그림자 등을 설정해 봅니다. 예제에서는 외곽선의 색상만 '흰색'으로 변경해 주었습니다.

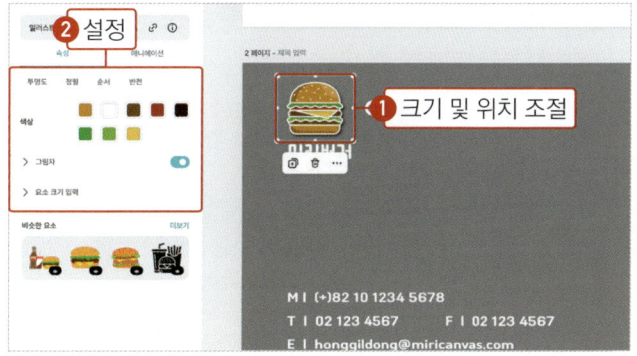

11 픽토그램 요소를 넣기 위해 불필요한 텍스트를 삭제하고 [요소] – [컬렉션] 탭을 클릭해 검색창에 '명함'을 입력한 후 Enter 를 눌러 마음에 드는 컬렉션을 선택합니다.

12 선택한 컬렉션에서 마음에 드는 요소를 선택합니다. 작업 화면에서 요소를 선택하고 요소의 색상을 명함과 어울리게 변경합니다.

Chapter 04 자영업자와 직장인을 위한 콘텐츠 만들기   133

13 요소의 크기와 위치를 조절한 후 다른 요소도 색상을 변경하여 추가해 봅니다. 추가한 요소를 Shift 를 누른 채 클릭해 중복 선택하고 왼쪽 메뉴에서 [정렬] - [가운데]를 클릭해 정렬합니다.

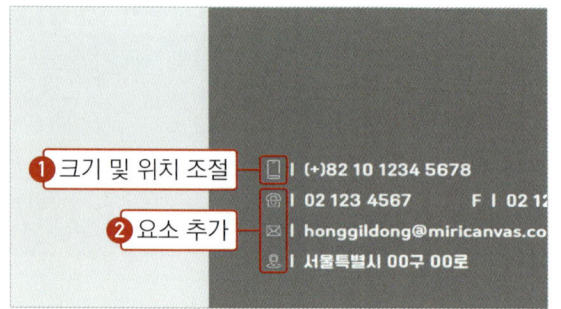 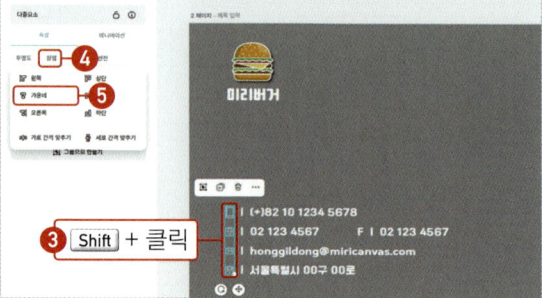

> **Tip** 크기가 작은 요소를 정밀하게 움직일 때는 ⊕ 버튼을 클릭하여 드래그합니다.

14 명함을 이미지 파일로 다운로드 하기 위해 오른쪽 상단의 다운로드 버튼을 클릭합니다. 파일 형식을 [JPG (인쇄용)]로 선택하고, 페이지는 [1, 2 페이지]로 선택한 후 다운로드 버튼을 클릭합니다.

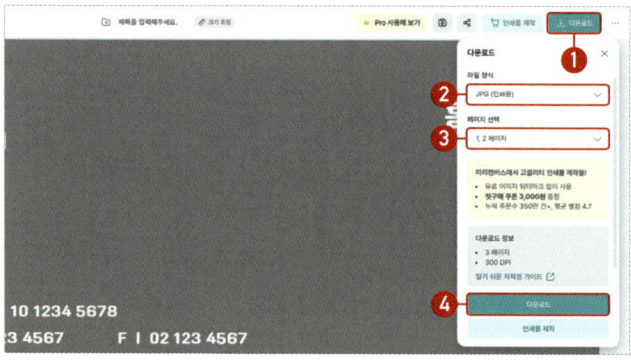

> **Tip** 미리캔버스는 작업한 내용을 인쇄물로 제작해 주는 서비스를 제공하고 있습니다. 작업 화면 오른쪽 상단의 인쇄물 제작 버튼을 클릭해 원하는 옵션을 선택하고 결제 과정을 거치면 작업한 내용을 실제 인쇄물로 받아 볼 수 있습니다.

Step 02 홍보 배너 만들기

홍보 광고물의 의미와 특징에 대해 살펴보고 미리캔버스의 템플릿을 활용해 오프라인용과 온라인용 홍보 배너를 만들어 보겠습니다.

미리보기

오프라인용

온라인용

- **사용 템플릿**: 녹색 사진강조 깔끔한 음식점 샌드위치 메뉴
- **작업 사이즈**: 60 × 180 cm
- **파일 형식**: 오프라인용 – JPG / 온라인용 – URL 링크

홍보 광고물이란?

홍보 광고물은 이벤트, 제품 정보, 세일 기간 등의 소식을 사람들에게 알리기 위해 사용되는 수단입니다. 홍보 광고물의 종류로는 포스터, 전단지, X배너 등의 오프라인 인쇄물과 SNS 포스팅, 배너 광고, 팝업 광고 등의 온라인 게시물이 있습니다. 홍보 광고물은 홍보하려는 주제에 따라 다양하게 디자인할 수 있기 때문에 전달하려는 핵심 내용을 파악한 후에 디자인하는 것이 좋습니다.

▲ 학원 홍보용 포스터 ▲ 반찬가게 홍보용 포스터

홍보 광고물은 브랜드나 제품의 인지도를 높이는 데 도움이 됩니다. 홍보 광고물로 사람들의 관심을 끌고, 긍정적인 인상을 남기기 위해서는 섬세한 디자인 작업이 필요합니다. 그렇기 때문에 때로는 전문가의 도움을 받는 것이 좋습니다.

만약 운영하고 있는 매장이나 사업의 홍보 광고물을 직접 만들 것이라면 우선 다양한 디자인 레퍼런스를 참고하는 것이 좋습니다. 미리캔버스에는 전단지, 현수막, 포스터와 같은 오프라인 홍보물뿐만 아니라 웹 포스터, 웹 배너, 이벤트 팝업 등의 온라인 홍보물까지 다양한 종류의 템플릿이 있습니다. 필요한 템플릿을 선택한 후 여러 가지 레퍼런스를 살펴보며 전체적인 레이아웃이나 사용된 디자인 요소 등을 파악하는 것이 중요합니다.

홍보 광고물의 세 가지 요소

▲ 홍보 광고물의 세 가지 요소

완성도 높은 홍보 광고물을 만들기 위해 고려해야 할 요소는 크게 세 가지입니다. 먼저 첫 번째 요소는 '심미성'입니다. 홍보 광고물은 디자인이 예쁘고 매력적일수록 효과적입니다. 이를 위해서는 색상의 조화를 신경써서 디자인하고, 시선을 사로잡는 일러스트나 디자인 요소를 사용하는 것이 좋습니다.

두 번째 요소는 '일관성'입니다. 광고물 전반에 걸쳐 색상, 스타일 등을 일관성 있게 통일해야 디자인이 복잡해지지 않습니다. 브랜드의 상징 색상이 있다면 해당 색을 사용하는 것이 브랜드의 이미지를 강조할 수 있습니다. 글꼴이나 디자인, 스타일 등이 일관성 있게 정리되어 있는 홍보 광고물은 사람들에게 신뢰감을 주고, 광고물의 내용에 집중할 수 있게 도와줍니다.

마지막 세 번째 요소는 '간결성'입니다. 홍보 광고물의 목적은 정보 전달에 있기 때문에 메시지를 최대한 간결하게 정리해야 합니다. 직관적이고 이해하기 쉬운 문구와 일러스트 요소를 사용하고, 사람들에게 혼란을 줄 수 있는 불필요한 내용이나 요소는 삭제하는 것이 좋습니다. 이렇게 '심미성', '일관성', '간결성' 세 가지 요소를 신경써서 작업하면 전문성 있는 홍보 광고물을 제작할 수 있습니다.

오프라인용 홍보 배너 만들기

미리캔버스의 템플릿을 활용해 오프라인용 홍보 배너를 만들어 볼까요? 예제에서는 햄버거 가게의 홍보 배너를 만들어 보겠습니다.

01 워크스페이스 화면 왼쪽 메뉴에서 [템플릿]을 클릭한 후 '타입 별로 보기' 카테고리의 [배너]를 선택합니다.

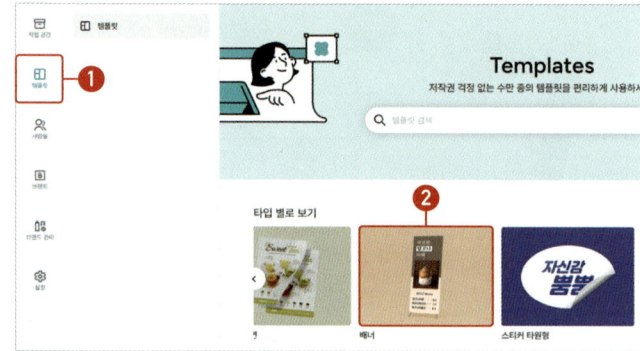

02 여러 가지 템플릿 중에 마음에 드는 디자인의 템플릿을 선택하고 이 템플릿 사용하기 버튼을 클릭합니다.

03 템플릿이 적용된 작업 화면이 나타나면 오른쪽 하단의 [+] 버튼을 클릭해 작업 화면을 확대합니다.

04 템플릿에서 필요 없는 요소를 삭제하고 텍스트의 내용이나 색상 등을 원하는 대로 수정합니다.

05 필요한 사진을 불러오기 위해 왼쪽 메뉴에서 [업로드]를 선택하고 업로드 버튼을 클릭합니다. 배너에 넣을 사진을 선택한 후 오른쪽 하단의 열기 버튼을 클릭합니다.

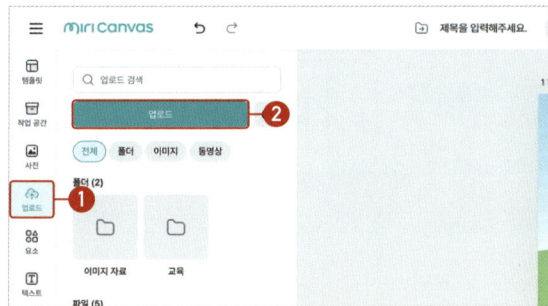 

> **Tip** 미리캔버스에서 제공하는 사진을 사용해도 되지만 '언스플래쉬(unsplash.com)', '픽셀스(pexels.com)' 등의 사이트에서 필요한 사진을 무료로 다운로드해도 좋습니다.

06 왼쪽 메뉴의 '파일'에서 업로드한 사진을 프레임 위로 드래그하면 사진이 적용됩니다. [사진] 메뉴에서 햄버거 사진을 검색하여 적용해도 좋습니다.

Chapter 04 자영업자와 직장인을 위한 콘텐츠 만들기

07 사진 위에 있는 텍스트가 잘 보이도록 작업 화면에서 사진을 선택하고 왼쪽 메뉴의 [투명도]를 클릭한 후 '58%'로 설정합니다.

08 배너에 넣을 사진을 추가로 불러오기 위해 [업로드]를 선택하고 업로드 버튼을 클릭합니다. Shift 를 누른 상태에서 사진을 중복 선택한 후 열기 버튼을 클릭합니다.

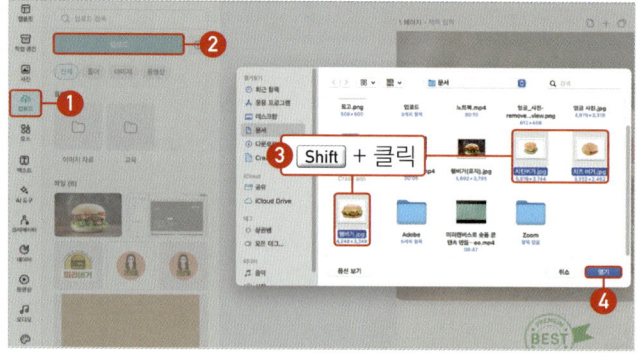

09 왼쪽 메뉴의 '파일'에서 선택한 사진이 모두 업로드된 것을 확인한 후 작업 화면에 적용할 사진을 클릭합니다.

10 사진의 흰색 배경을 없애기 위해 사진을 더블 클릭하고 모서리 부분을 드래그하여 배경을 최대한 자른 후 ☑ 버튼을 클릭합니다.

11 왼쪽 메뉴에서 '그라데이션 마스크'를 활성화한 후 마스크 타입을 '원형', 범위를 '8%'로 설정하고 사진의 크기와 위치를 적절하게 조절합니다.

> **Tip** 그라데이션 마스크 기능을 사용할 때 범위의 숫자를 높게 설정할수록 마스크 테두리의 경계가 희미해집니다.

12 업로드한 다른 사진들도 10~11과 동일한 방법으로 편집하여 적절한 위치에 배치하면 오프라인용 배너가 완성됩니다. 오른쪽 상단의 다운로드 버튼을 클릭하고 파일 형식을 [JPG (인쇄용)]로 선택한 후 다운로드 버튼을 클릭합니다.

온라인용 홍보 배너 만들기

오프라인용 홍보 배너를 수정해 온라인용으로 만들어 볼까요? 온라인용 홍보 배너에는 사진보다 생동감이 넘치는 동영상을 추가하고, 햄버거를 바로 주문할 수 있는 사이트를 링크로 연결해 보겠습니다.

01 배너의 메인 사진을 동영상으로 바꾸기 위해 [업로드] 메뉴에서 업로드 버튼을 클릭한 후 동영상을 선택하고 열기 버튼을 클릭합니다.

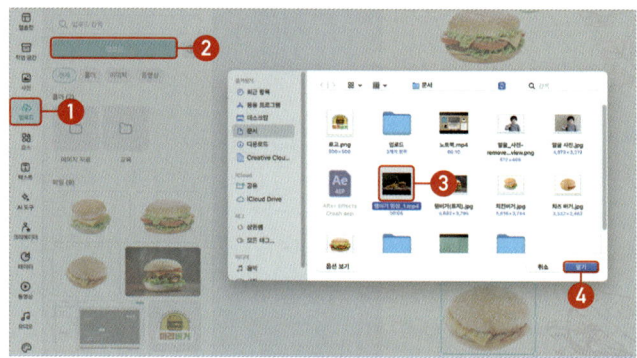

02 왼쪽 메뉴의 '파일'에서 업로드한 동영상을 프레임 위로 드래그하면 동영상이 적용됩니다. [동영상] 메뉴에서 동영상을 검색한 후 적용해도 좋습니다.

03 작업 화면에서 동영상을 선택하고 왼쪽 메뉴의 '구간 자르기'에서 동영상의 재생 구간을 설정합니다.

04 하단에 사이트 링크를 연결할 버튼을 만들기 위해 왼쪽 메뉴에서 [요소] - [도형] 탭을 클릭하고 사각형을 선택해 작업 화면에 추가합니다.

05 작업 화면에서 사각형을 선택하고 왼쪽 메뉴에서 색상을 '흰색'으로, 둥근모서리를 '100'으로 설정합니다.

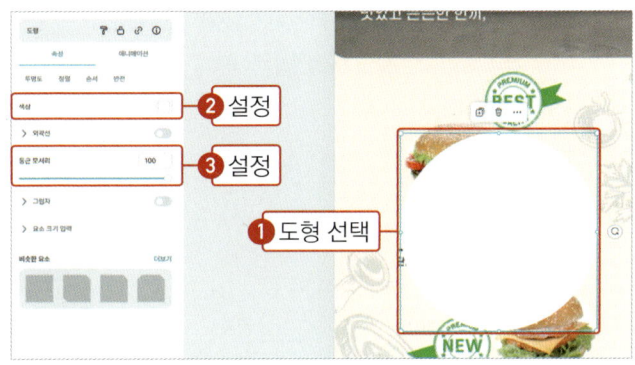

06 도형의 크기와 위치를 조절하여 배너 하단에 배치합니다. 'MIRI BURGER' 텍스트의 크기와 위치도 함께 조절해 주세요.

Chapter 04 자영업자와 직장인을 위한 콘텐츠 만들기 143

07 '치즈버거' 텍스트를 Ctrl + C를 눌러 복사하고 Ctrl + V를 눌러 붙여 넣습니다.

08 복사한 텍스트를 '주문하기(Click)'로 수정하고 드래그하여 버튼 위에 배치합니다.

09 왼쪽 메뉴 상단의 버튼을 클릭하고 '링크'를 활성화합니다. URL 주소 입력란에 연결할 외부 사이트 주소를 입력하고 적용 버튼을 클릭하면 링크가 연결됩니다.

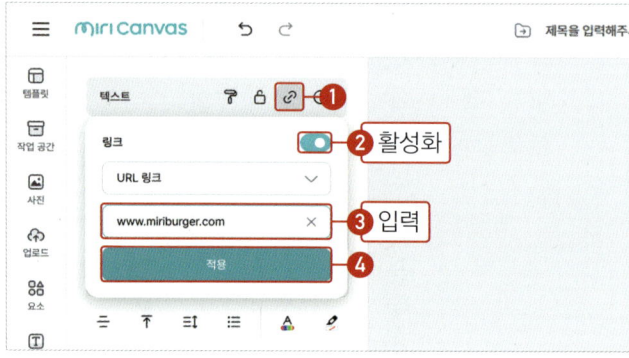

웹 게시 및 공유 기능으로 홍보물 공유하기

미리캔버스의 '웹 게시 및 공유' 기능은 미리캔버스에서 작업한 콘텐츠를 링크로 공유하는 기능입니다. 링크에 접속하면 콘텐츠를 열람할 수 있습니다.

01 작업 화면 오른쪽 상단의 버튼을 클릭하고 '디자인 문서 공개'를 활성화합니다.

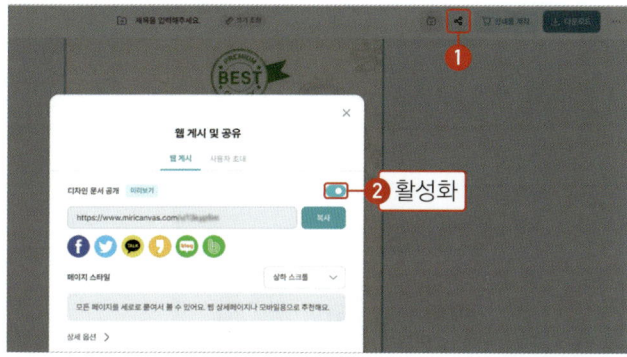

02 배너가 세로로 긴 형태이기 때문에 페이지 스타일을 '상하 스크롤'로 선택하고 복사 버튼을 클릭하면 작업한 콘텐츠의 링크가 복사됩니다.

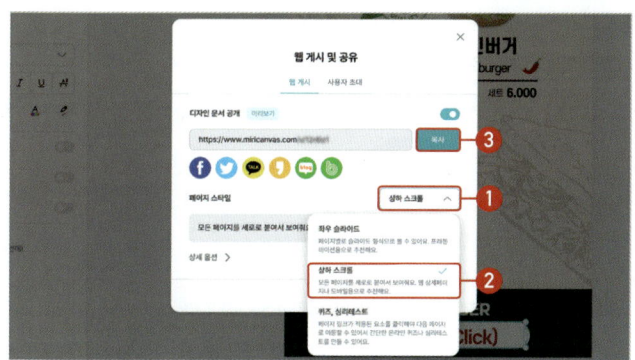

> **Tip** 페이지 스타일의 '상하 스크롤' 옵션은 예제와 같은 세로형 배너나 상세페이지를 작업했을 때 추천합니다. '좌우 슬라이드' 옵션은 카드뉴스나 PPT를 작업하였을 때 적합하며, '퀴즈, 심리테스트' 옵션은 간단한 온라인 퀴즈나 심리테스트를 만들었을 때 공유 방식으로 선택하면 좋습니다.

• Step • 03 깔끔한 PPT 템플릿 만들기

미리캔버스의 프레젠테이션 템플릿을 활용해 학교나 직장에서 활용하기 좋은 PPT 템플릿을 만들어 보겠습니다.

미리보기

- **사용 템플릿**: 검정색과 파란색의 심플한 동화 일러스트 작가 특별 기획전 기획서
  노란색과 파란색의 퀴즈 게임 컨셉
  트로피컬여름피피티
- **작업 사이즈**: 1920 × 1080 px
- **파일 형식**: PPTX

미리캔버스의 PPT 템플릿

PPT란 'Power Point'의 약자로 프레젠테이션을 할 때 사용하는 문서 형식입니다. 보통 조별 과제와 같은 공동의 작업을 하거나 보고서 자료를 만들 때 파워포인트를 사용하기 때문에 학생이나 직장인들이 필수로 다룰 줄 알아야 하는 프로그램입니다. 하지만 단순히 파워포인트를 다룰 줄 안다고 해서 완성도 높은 PPT 템플릿을 만들 수 있는 것은 아닙니다.

파워포인트의 기능은 방대하기 때문에 프로그램 자체를 능숙하게 다루면서 디자인까지 신경 쓰려면 충분한 연습이 필요합니다. 만약 바쁜 일상 속에서 파워포인트를 연습하기 위해 시간을 내는 것이 부담스럽다면 미리캔버스의 프레젠테이션 템플릿을 사용하는 것을 추천합니다.

미리캔버스에는 이미 다양한 디자인의 템플릿이 있기 때문에 발표 자료를 만들 때 템플릿을 디자인하기 위한 시간과 노력을 절약할 수 있습니다. 마음에 드는 템플릿을 선택해 주제에 맞게 내용을 수정하면 발표 자료가 완성되므로 발표 내용을 정리하고 점검하는 것에 집중할 수 있습니다. 또한 미리캔버스 자체에 '슬라이드쇼' 기능이 있기 때문에 PPT에 사용된 사진이나 동영상 등의 자료를 발표용 컴퓨터에 일일이 옮기지 않아도 되어 편리합니다.

▲ 미리캔버스의 프레젠테이션 템플릿

템플릿을 활용한 표지 페이지 만들기

먼저 프레젠테이션 템플릿을 활용해 발표 자료의 표지 페이지를 만들어 보겠습니다. 예제에서 알려 주는 기능을 활용해 원하는 디자인의 PPT 템플릿을 만들어 봅니다.

01 워크스페이스 화면 오른쪽 상단의 [새 디자인 만들기] 버튼을 클릭하고 [프레젠테이션(1920 × 1080 px)]을 선택합니다.

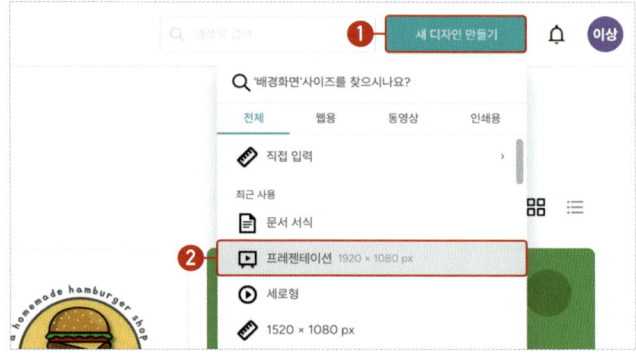

02 작업 화면 왼쪽 메뉴에서 마음에 드는 템플릿을 선택한 후 [이 템플릿으로 덮어쓰기] 버튼을 클릭해 모든 페이지에 적용합니다.

03 템플릿에서 필요 없는 요소와 텍스트 등을 삭제하고 텍스트의 내용을 수정합니다. 페이지 목록에서 첫 번째 페이지에 마우스 커서를 올려놓고 […] 버튼을 클릭한 후 [페이지 추가]를 클릭합니다.

04 다른 템플릿에서 필요한 요소를 가져오기 위해 먼저 마음에 드는 템플릿을 선택한 후 적용하고 싶은 페이지를 클릭합니다.

05 템플릿에서 사용할 디자인 요소나 텍스트를 [Shift]를 누른 채 클릭하여 중복 선택하고 마우스 오른쪽 버튼으로 클릭 – [복사]를 선택합니다.

06 하단의 페이지 목록에서 표지 페이지를 선택한 후 작업 화면을 마우스 오른쪽 버튼으로 클릭 – [붙여넣기]를 선택합니다.

07 복사한 텍스트의 내용, 글꼴 등을 원하는 대로 수정합니다.

08 텍스트 상자의 꼭짓점을 대각선 방향으로 드래그하여 텍스트의 크기를 템플릿에 맞게 조절해 줍니다.

09 하단의 페이지 목록에서 추가한 페이지에 마우스 커서를 올린 후 [⋯] 버튼을 클릭하고 [페이지 삭제]를 선택해 페이지를 삭제합니다.

템플릿을 활용한 목차 페이지 만들기

이어서 목차 페이지를 만들어 볼까요? 표지 페이지와 마찬가지로 마음에 드는 템플릿을 활용해 표지 디자인과 어울리게 수정합니다.

01 두 번째 페이지를 선택해 필요 없는 요소와 텍스트를 삭제하고 텍스트를 수정합니다.

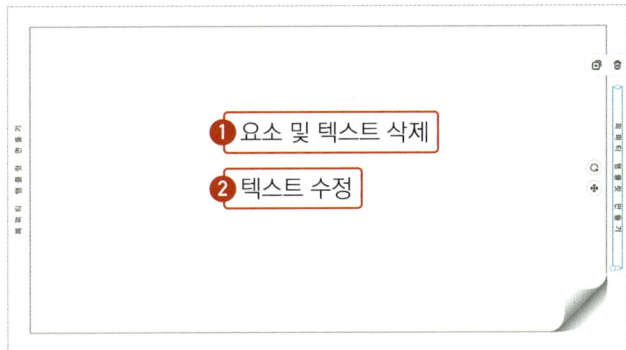

02 하단의 페이지 목록에서 목차 페이지에 마우스를 올려 […] 버튼을 클릭한 후 [페이지 추가]를 선택합니다.

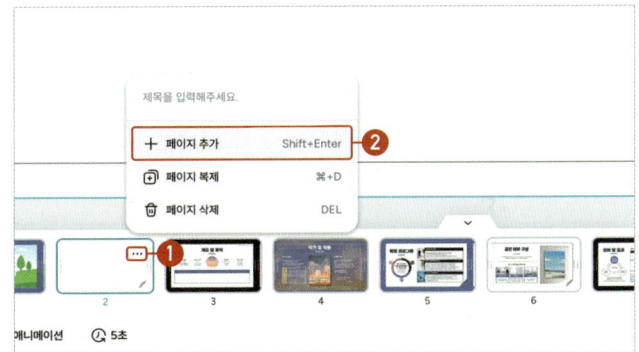

03 다른 템플릿에서 필요한 요소를 가져오기 위해 왼쪽 메뉴에서 마음에 드는 다른 템플릿을 선택한 후 적용하고 싶은 페이지를 클릭합니다.

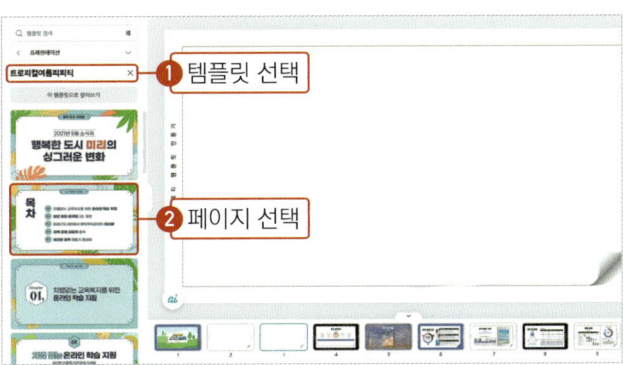

04 템플릿에서 사용할 디자인 요소나 텍스트를 Shift 를 누른 채 클릭해 중복 선택하고 단축키 Ctrl + C 를 눌러 복사합니다.

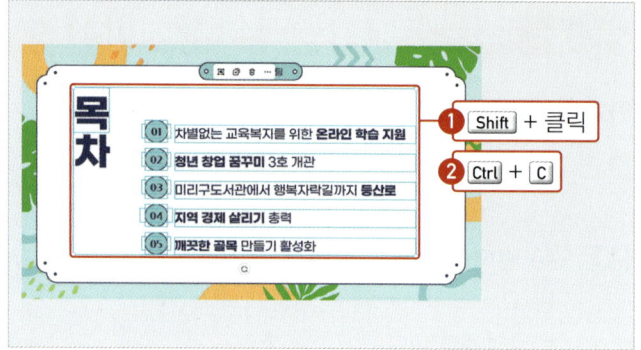

05 하단의 페이지 목록에서 목차 페이지를 선택하고 Ctrl + V 를 눌러 복사한 요소나 텍스트를 붙여넣기합니다. 텍스트의 내용을 수정하고 크기와 위치를 알맞게 조절합니다.

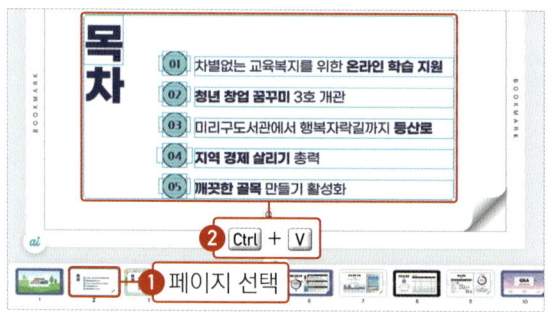 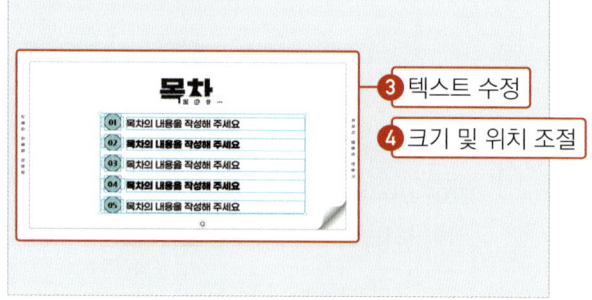

06 하단의 페이지 목록에서 추가한 페이지에 마우스 커서를 올려놓고 [⋯] 버튼을 클릭한 후 [페이지 삭제]를 선택해 페이지를 삭제합니다.

인포그래픽 요소 추가하기

PPT에 인포그래픽 요소를 추가하면 복잡한 정보를 시각적인 이미지로 빠르게 전달할 수 있습니다. 미리캔버스의 인포그래픽 요소를 활용해 본문 페이지를 만들어 볼까요?

01 인포그래픽 요소를 추가하기 위해 세 번째 페이지에서 필요 없는 요소를 삭제하고 텍스트를 수정합니다.

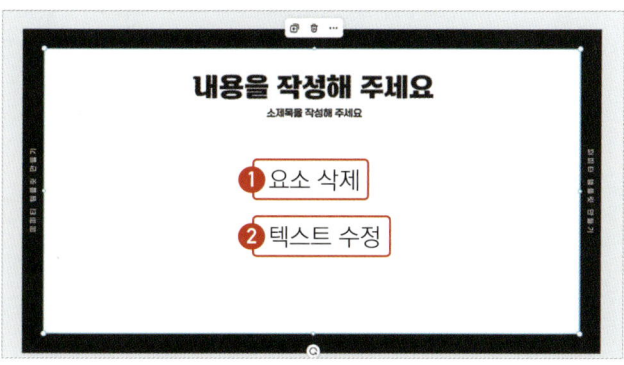

02 배경 요소가 움직이면 작업할 때 불편하기 때문에 배경 요소를 선택한 후 왼쪽 메뉴에서 🔒 버튼을 클릭해 배경을 잠가 줍니다.

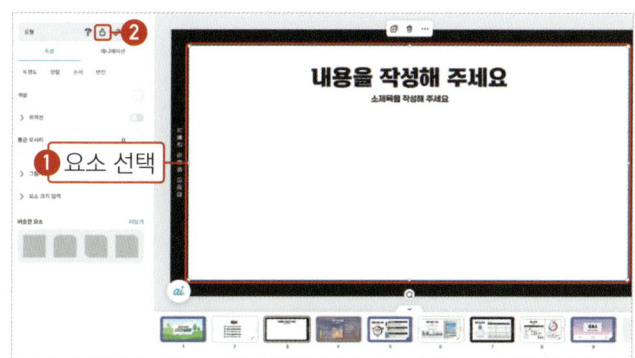

03 왼쪽 메뉴에서 [요소] - [조합] 탭을 클릭하고 '인포그래픽 디자인' 카테고리를 선택합니다. 마음에 드는 인포그래픽 요소를 선택하고 요소의 색상, 불투명도, 내용, 크기, 위치 등을 수정합니다.

Chapter 04 자영업자와 직장인을 위한 콘텐츠 만들기

04 하단의 페이지 목록에서 사용하지 않을 디자인의 페이지를 삭제합니다. 예제에서는 4번, 5번 페이지를 삭제하겠습니다.

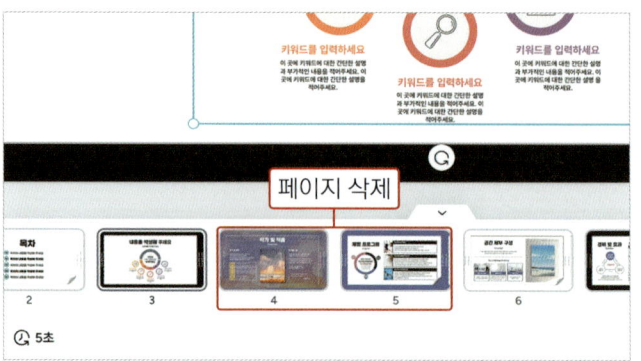

05 네 번째 페이지에서 필요 없는 요소를 삭제하고 텍스트를 수정합니다. 그리고 배경 요소를 선택해 왼쪽 메뉴의 🔒 버튼을 클릭합니다.

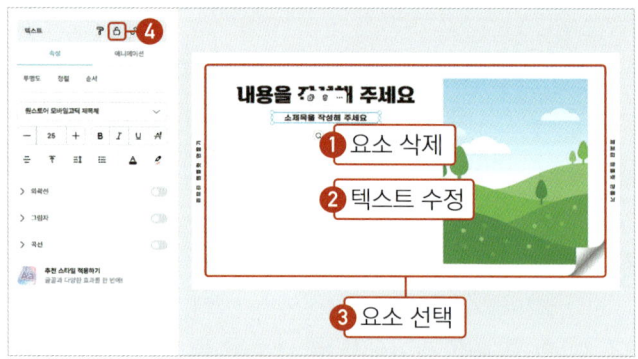

06 왼쪽 메뉴의 [요소] - [조합] 탭에서 '사분면 그래프' 카테고리를 선택합니다. 마음에 드는 그래프 요소를 선택한 후 작업 화면에서 요소의 색상, 불투명도, 내용, 크기, 위치 등을 수정합니다.

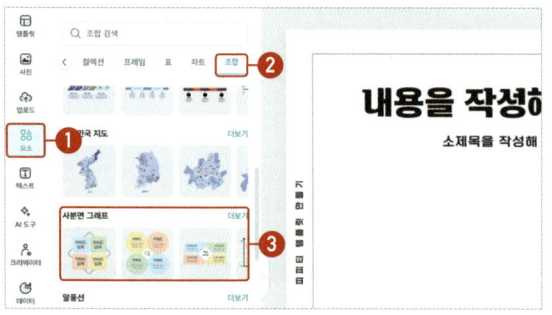

PPT에 동영상 추가하기

발표 자료를 준비하다 보면 동영상 자료를 보여주기 위해 PPT에 동영상을 넣는 경우가 있습니다. 이때 유용하게 사용할 수 있는 동영상 추가 방법을 알아보겠습니다.

01 하단의 페이지 목록에서 네 번째 페이지에 마우스 커서를 올려놓고 […] 버튼 – [페이지 복제]를 클릭한 후 작업 화면에서 필요 없는 요소를 삭제합니다.

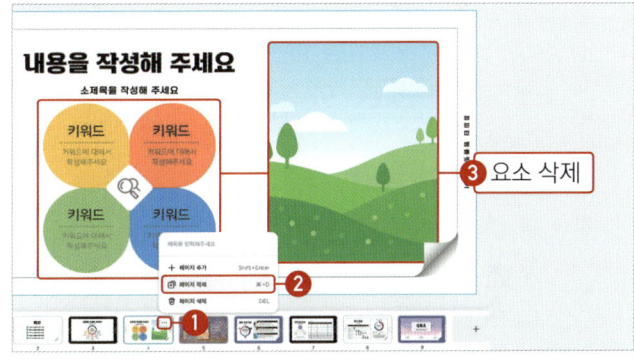

02 유튜브(youtube.com)에 접속해 발표 자료에 필요한 동영상을 검색합니다. 하단의 공유 버튼을 클릭한 후 복사 버튼을 클릭해 주소를 복사합니다.

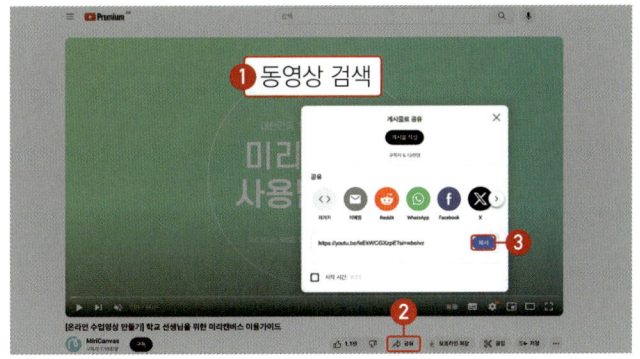

03 다시 미리캔버스로 돌아와 [동영상] – [유튜브] 탭을 클릭하고 복사한 주소를 Ctrl + V 를 눌러 붙여넣은 후 만들기 버튼을 클릭합니다. 작업 화면에서 동영상의 크기와 위치를 조절합니다.

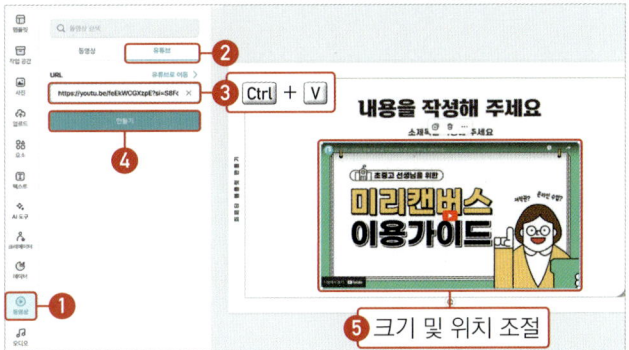

PPT에 QR 코드 추가하기

발표를 듣는 청중들에게 설문 조사 링크나 자료를 전달할 수 있는 QR 코드를 삽입해 봅니다.

01 여섯 번째 페이지에서 사용하지 않을 요소를 삭제하고 텍스트의 내용을 수정합니다. [QR/바코드] 메뉴를 클릭하고 URL 입력란에 QR 코드로 연결할 주소를 입력한 후 만들기 버튼을 클릭합니다.

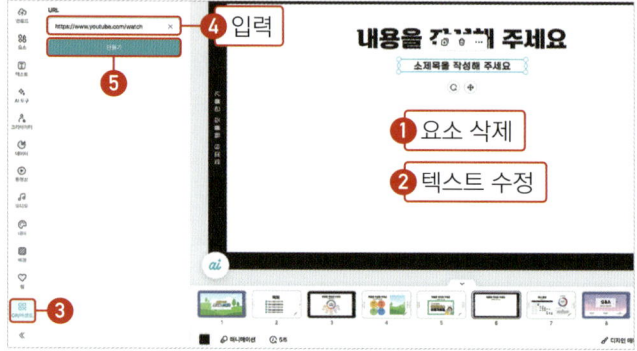

02 작업 화면에서 QR 코드의 크기와 위치를 조절하고 왼쪽 메뉴의 [요소] - [조합] 탭을 클릭한 후 '버튼 프리셋' 카테고리를 선택합니다.

03 마음에 드는 버튼 요소를 선택하고 텍스트의 내용을 수정한 후 QR 코드 아래에 위치하도록 크기와 위치를 조절합니다.

04 하단의 페이지 목록에서 필요 없는 페이지를 삭제하면 깔끔한 PPT 템플릿이 완성됩니다. 예제에서는 7번, 8번 페이지를 삭제하겠습니다.

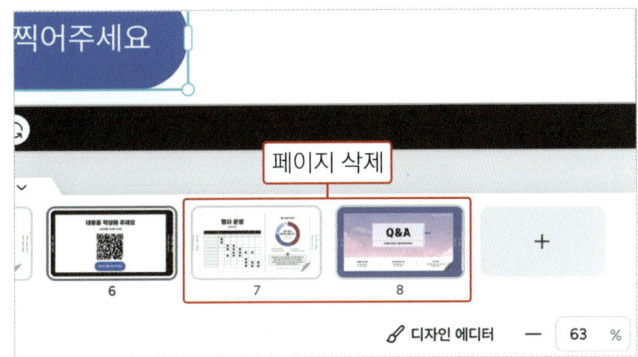

PPTX 파일로 다운로드하기

작업한 내용을 PPTX 파일로 다운로드합니다.

01 오른쪽 상단의 다운로드 버튼을 클릭하고 파일 형식을 [PPTX]로 선택한 후 PPT 옵션을 [개별 요소 이미지화]로 선택합니다. 다운로드 버튼을 클릭하면 컴퓨터에 저장됩니다.

> **Tip** 온라인용 홍보 배너를 만들 때 활용했던 '웹 게시 및 공유' 기능으로 PPT 작업 화면을 공유할 수 있습니다. 페이지 스타일은 '좌우 슬라이드' 옵션을 선택하는 것이 좋으니 참고하세요!

Chapter 05

수업할 때 유용한 콘텐츠 만들기

이번 챕터에서는 수업할 때 활용할 수 있는 이름표, 시간표, 학급명단표, 퀴즈 PPT 템플릿 등을 만들어 보겠습니다. 꼭 수업할 때가 아니더라도 과제나 보고서 등을 만들 때 유용한 기능을 함께 살펴봅니다.

01   이름표와 시간표 만들기
02   학급명단표 만들기
03   실루엣 퀴즈 PPT 만들기
04   골든벨 퀴즈 PPT 만들기

Step 01 · 이름표와 시간표 만들기

미리캔버스의 요소와 여러 가지 기능을 활용해 개인 사물함이나 교재에 부착할 수 있는 이름표와 학급에서 사용할 수 있는 시간표를 만들어 보겠습니다.

미리보기

이름표

  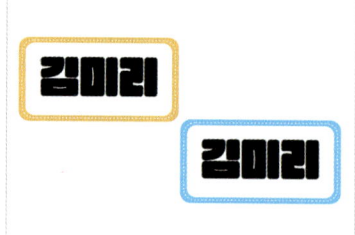

시간표

	월	화	수	목	금
1	과학	국어	영어	국어	과학
2	국어	음악	수학	수학	국어
3	사회	수학	사회	사회	창체
4	도덕	과학	음악	영어	도덕
5	체육	미술	과학	체육	영어
6	수학	미술	실과	음악	창체

	월요일	화요일	수요일	목요일	금요일
1교시	국어	국어	영어	국어	도덕
2교시	수학	음악	수학	수학	창체
3교시	사회	수학	사회	음악	영어
4교시	과학	과학	체육	사회	국어
5교시	미술	영어	음악	영어	사회
6교시	미술	체육	실과	체육	수학

- 작업 사이즈: 1920 × 1080 px
- 파일 형식: PNG

교육 현장에 미리캔버스 활용하기

최근 교육 현장은 'MZ 세대'에 이어 '알파 세대'에 관심이 쏠리고 있습니다. 알파 세대는 2010년 이후에 출생한 아이들을 일컫는 말입니다. 아날로그를 경험해 본 적 없는 세대이기 때문에 디지털 활용 능력이 뛰어나다는 특징이 있습니다. 요즘에는 알파 세대 학생들의 특징을 고려하여 디지털 교육 자료를 활용하는 추세입니다. 과목별로 PPT 수업 자료를 만들고, 학급별 온라인 게시판을 이용하는 등 새로운 교육 방법이 도입되고 있습니다.

이러한 과정에서 교사들은 두 가지 어려움에 직면하게 됩니다. 첫 번째는 디자인과 관련된 어려움입니다. 교사들은 전문적인 디자인 지식이 부족하기 때문에 이미 만들어져 있는 템플릿을 다운로드해 활용하거나 타인의 작업물을 단순 모방하는 경우가 있습니다. 이때 저작권이라는 두 번째 어려움을 마주하게 됩니다. 수업 자료나 학급 게시물을 제작할 때 외부에서 다운로드한 템플릿이나 이미지는 대부분 별도의 저작권이 있기 때문에 이를 확보하는 것이 쉽지 않습니다.

디자인, 저작권과 같은 어려움을 한 번에 해결할 수 있는 플랫폼이 바로 '미리캔버스'입니다. 미리캔버스의 무료 템플릿을 활용하면 저작권에 대한 걱정 없이 자유롭게 교육 자료를 제작할 수 있습니다. 또한 '교사 템플릿'이 별도의 카테고리로 구성되어 있어 수업에 사용할 자료를 쉽고 간단하게 만들 수 있습니다.

 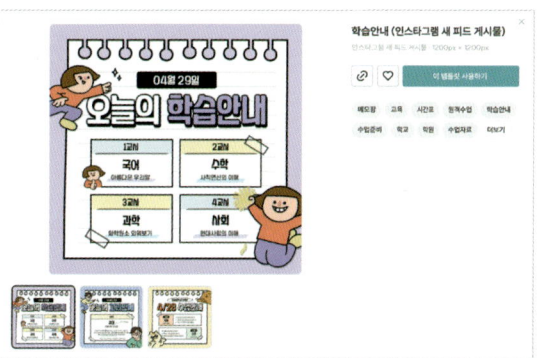

▲ 미리캔버스의 무료 교육용 템플릿

요소를 활용한 이름표 만들기

미리캔버스의 요소를 활용해 사물함이나 개인 물건에 부착할 수 있는 이름표를 만들어 보겠습니다.

01 워크스페이스 화면 오른쪽 상단의 새 디자인 만들기 버튼을 클릭한 후 [프레젠테이션(1920 × 1080 px)]을 선택합니다.

02 [요소]를 클릭하고 검색창에 '이름표'를 입력한 후 Enter 를 눌러 마음에 드는 요소를 선택합니다.

03 이름표 요소의 꼭짓점을 대각선 방향으로 드래그하여 크기를 조절하고 상단의 버튼을 클릭해 요소를 복제합니다.

04 복제한 요소를 아래로 드래그하여 적절한 위치에 배치하고 각각의 요소를 선택해 왼쪽 메뉴에서 원하는 색상으로 설정합니다.

05 이름표의 텍스트를 수정합니다. 일러스트 요소를 추가하기 위해 [요소] 메뉴를 클릭하고 검색창에 '아이 얼굴'을 입력한 후 Enter 를 눌러 마음에 드는 요소를 선택합니다.

06 작업 화면에서 요소를 선택하고 왼쪽 메뉴의 [반전] – [좌우 반전]을 클릭합니다. 요소의 크기와 위치를 조절한 후 아래 이름표에도 동일한 방법으로 일러스트 요소를 추가해 줍니다.

요소를 활용한 과목 이름표 만들기

이번에는 다른 요소를 활용해 과목 이름표를 만들어 보겠습니다.

01 작업 화면 하단의 + 버튼을 클릭해 새로운 페이지를 만들고 [요소]-[조합] 탭에서 '이름표 / 네임택' 카테고리를 선택합니다.

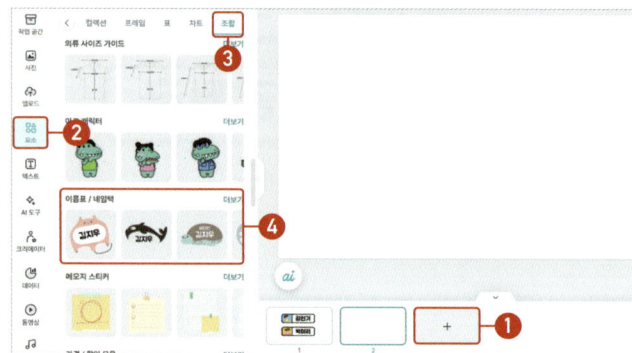

02 마음에 드는 이름표를 선택해 작업 화면에 적용한 후 이름표를 편집하기 위해 상단의 버튼을 클릭하여 그룹을 해제합니다.

03 이름표에서 사용하지 않을 요소를 삭제하고 텍스트를 수정합니다.

04 텍스트 뒤에 있는 요소의 색상을 '흰색'으로 설정하고 텍스트의 크기와 위치를 조절합니다.

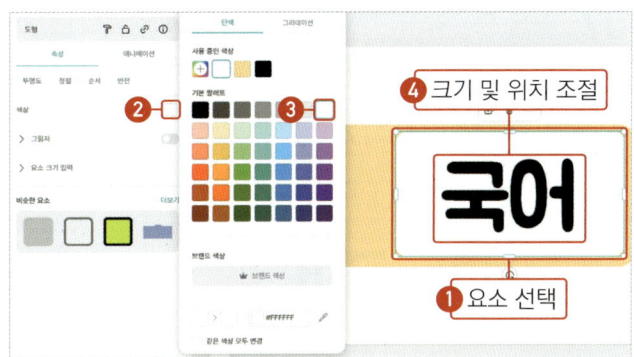

05 이름표에 어울리는 일러스트 요소를 추가하기 위해 [요소] - [전체] 탭을 클릭합니다. 검색창에 '연필'을 입력한 후 Enter 를 눌러 원하는 요소를 선택하고 작업 화면에서 요소의 크기와 위치를 조절해 줍니다.

06 작업 화면에서 전체 요소를 드래그해 선택하고 그룹으로 만들기 버튼을 클릭합니다.

07 그룹 요소의 크기와 위치를 조절한 후 상단의 [📋] 버튼을 세 번 클릭해 요소를 복제합니다. 복제한 요소의 크기와 위치를 그림과 같이 조절해 주세요.

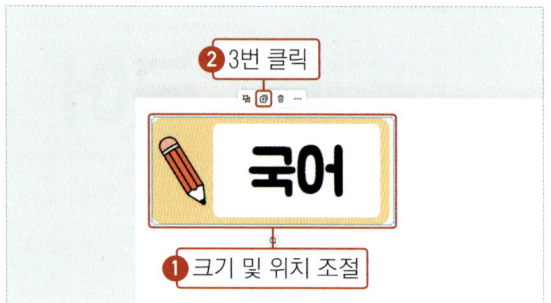

08 필요 없는 요소를 삭제하고 텍스트의 내용을 수정합니다. 예제에서는 '수학'으로 변경하였습니다.

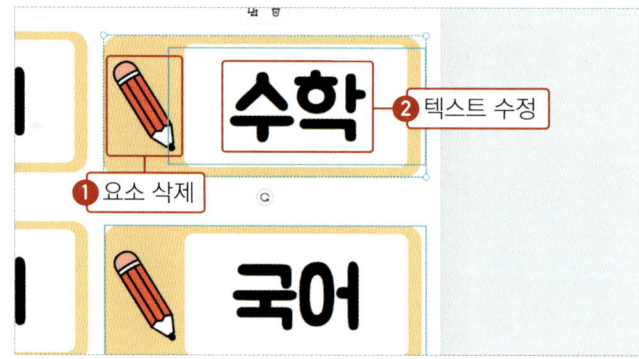

09 이름표의 배경 요소를 선택한 후 왼쪽 메뉴에서 다른 색상으로 변경해 봅니다.

10 '수학' 이름표에 어울리는 일러스트를 찾기 위해 [요소] - [전체] 탭을 클릭하고 검색창에 '사칙연산'을 검색한 후 마음에 드는 일러스트 요소를 선택합니다.

11 작업 화면에서 요소의 크기와 위치를 조절합니다.

12 나머지 이름표도 **08~11**과 같은 방법으로 텍스트의 내용, 배경 요소의 색상, 일러스트 요소를 수정해 봅니다. 과목 이름표가 완성되었습니다.

도형을 활용한 이름표 만들기

미리캔버스의 '이름표 / 네임택' 카테고리에 원하는 디자인이 없을 때 응용할 수 있는 도형을 활용한 이름표를 만들어 보겠습니다.

01 작업 화면 하단의 [+] 버튼을 클릭한 후 [요소] - [도형] 탭에서 사각형을 선택해 작업 화면에 적용합니다.

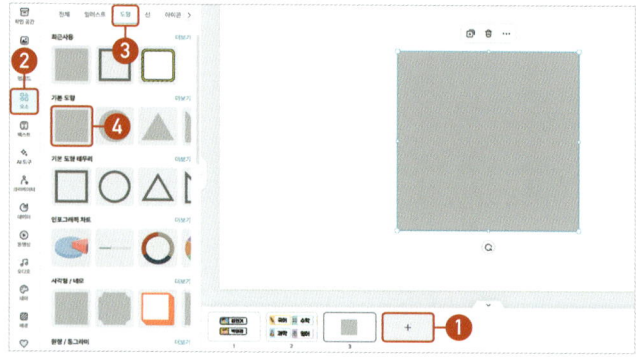

02 작업 화면에서 도형의 크기를 조절하고 색상을 '노란색', 둥근 모서리를 '30'으로 설정합니다.

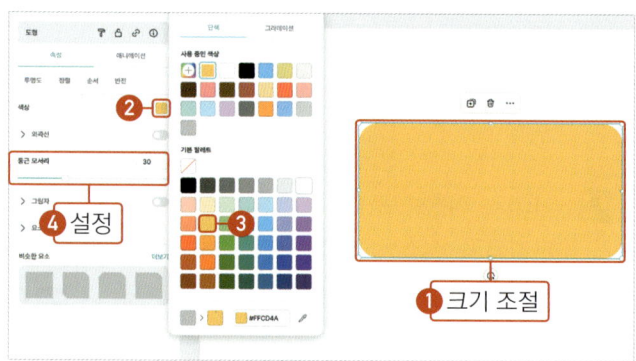

03 상단의 복제 버튼을 클릭해 도형을 복제합니다. 복제한 도형의 크기와 위치를 그림과 같이 조절한 후 색상을 '흰색'으로 설정합니다.

04 이름표 테두리를 만들기 위해 [요소] - [도형] 탭에서 '기본 도형 테두리' 카테고리에 있는 사각형 테두리를 선택합니다.

05 작업 화면에서 도형을 선택하고 외곽선의 색상을 '흰색', 두께를 '5', 종류를 '점선', 둥근 모서리를 '30'으로 설정합니다.

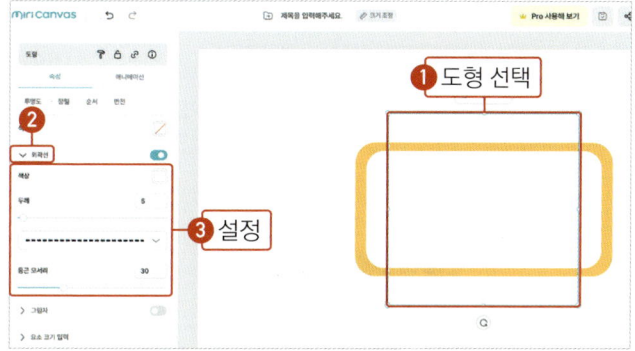

06 작업 화면에서 테두리 도형의 크기와 위치를 그림과 같이 조절합니다.

07 왼쪽 메뉴에서 [텍스트] – [제목 텍스트 추가 +]를 클릭합니다. 이름을 입력한 후 글꼴, 크기 등을 원하는 대로 설정합니다. 예제에서는 글꼴을 'Rix이누아리두리체', 크기를 '193.9'로 설정했습니다.

08 완성된 이름표를 드래그하여 전체 선택하고 상단의 버튼을 클릭합니다. 복제한 이름표를 적절한 위치에 배치하고 이름표 바깥쪽 도형을 선택해 다른 색으로 변경해 줍니다.

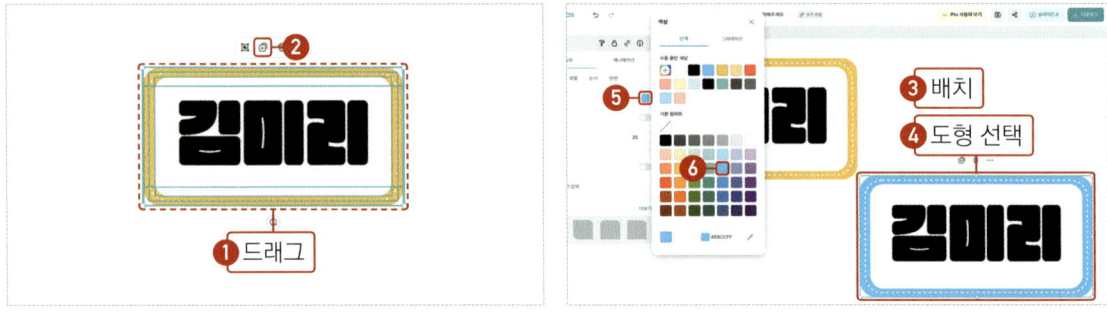

09 배경이 투명한 이미지 파일로 저장하기 위해 오른쪽 상단의 다운로드 버튼을 클릭하고 파일 형식은 [PNG]를 선택한 후 '투명한 배경'에 체크합니다. 작업한 페이지를 선택하고 빠른 다운로드 버튼을 클릭하여 다운로드합니다.

요소를 활용한 시간표 만들기

이번에는 미리캔버스의 요소를 활용해 시간표를 만들어 보겠습니다. 다양한 디자인의 시간표 요소 중 마음에 드는 디자인을 수정하여 사용해 봅니다.

01 먼저 페이지 목록의 + 버튼을 클릭해 새로운 페이지를 만들고 [요소] – [전체] 탭을 클릭해 검색창에 '시간표'를 검색합니다. 검색 결과 중 마음에 드는 시간표를 선택해 작업 화면에 적용합니다.

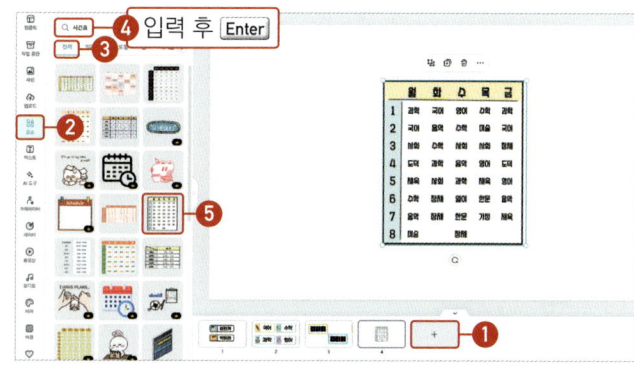

02 시간표 요소의 꼭짓점을 대각선 방향으로 드래그해 크기를 조절한 후 필요 없는 텍스트를 삭제합니다.

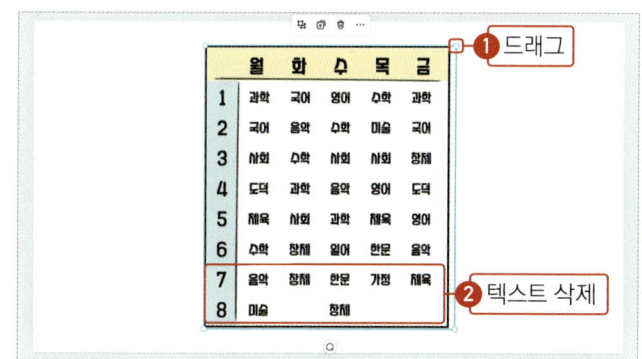

03 시간표를 편집하기 위해 왼쪽 메뉴의 [그룹 해제하기] 버튼을 클릭하여 그룹을 해제합니다.

04 시간표 하단의 꼭짓점을 위로 드래그해 시간표의 길이를 조절합니다.

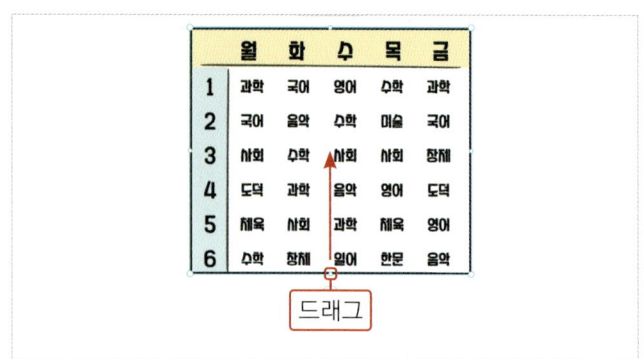

05 시간표 요소의 바깥쪽을 드래그해 시간표를 전체 선택한 후 꼭짓점을 대각선 방향으로 드래그하여 크기를 조절합니다.

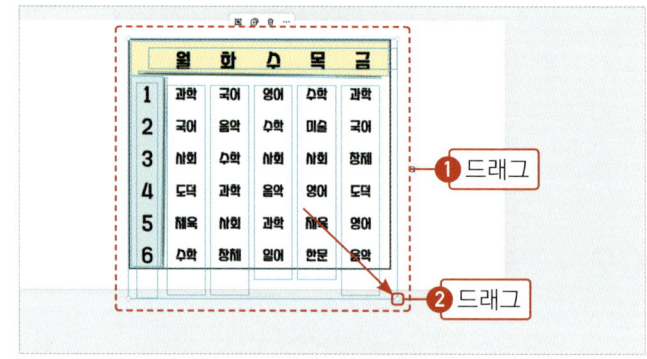

06 텍스트를 더블 클릭해 내용을 알맞게 수정하면 시간표가 완성됩니다.

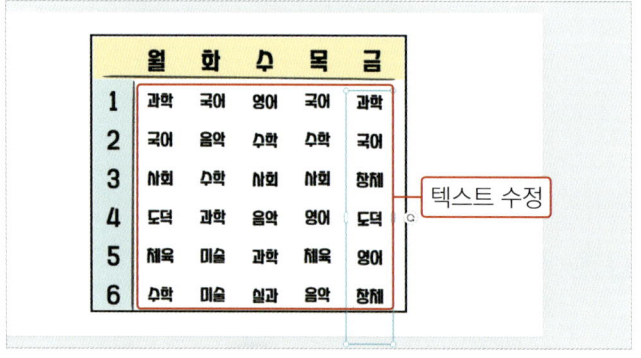

표를 활용한 시간표 만들기

이번에는 표를 활용해 직접 시간표를 만들어 보겠습니다.

01 먼저 하단의 [+] 버튼을 클릭한 후 [요소] – [표] 탭을 클릭해 '기본 스타일' 카테고리의 첫 번째 표를 선택합니다.

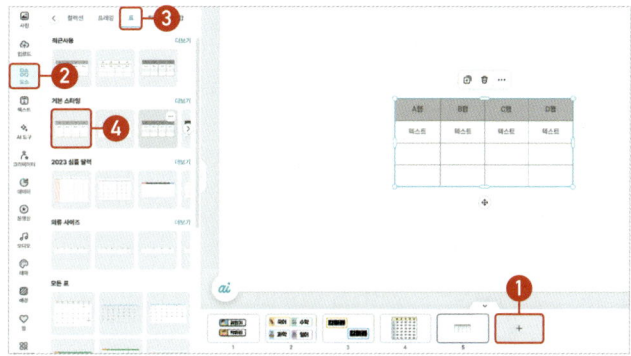

02 작업 화면에서 표를 선택하고 행을 '7', 열을 '6'으로 설정한 후 그림과 같이 표의 크기를 조절합니다.

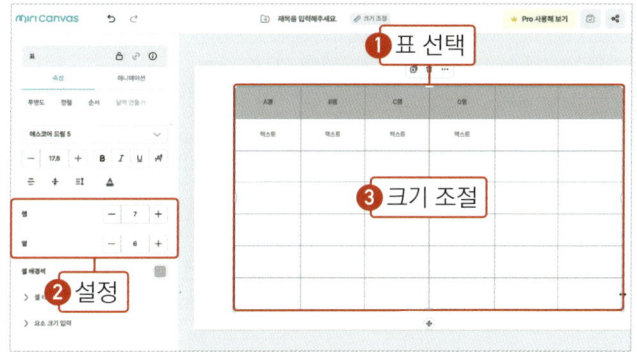

03 첫 번째 열을 가로로 드래그해 중복 선택하고 왼쪽 메뉴에서 셀 배경색을 설정합니다. 첫 번째 행도 같은 방법으로 배경색을 변경한 후 각각의 셀을 더블 클릭해 표 전체에 텍스트를 입력합니다.

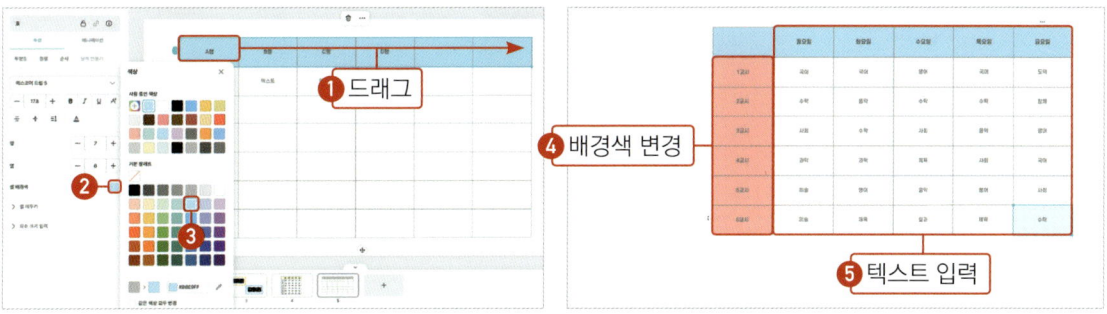

> **Tip** 두 개 이상의 셀을 중복 선택하고 싶다면 하나의 셀을 클릭한 후 원하는 방향으로 드래그합니다.

04 첫 번째 열을 가로로 드래그해 중복 선택하고 왼쪽 메뉴에서 글꼴, 텍스트 크기 등을 설정합니다. 첫 번째 행도 중복 선택하여 글꼴, 텍스트 크기 등을 설정합니다.

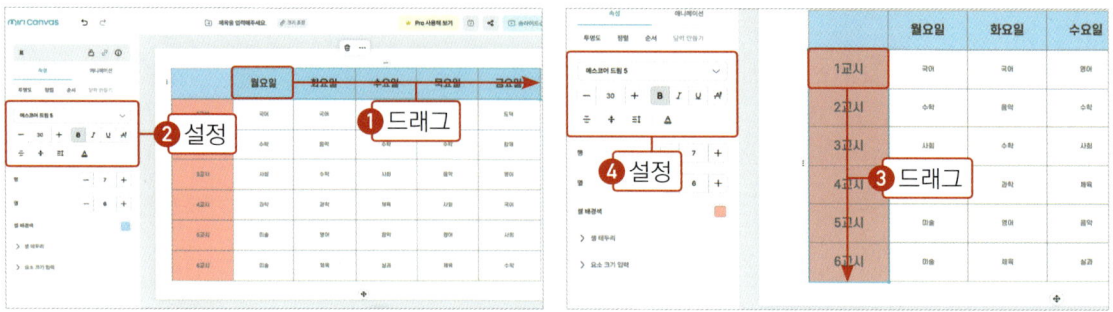

05 두 번째 행의 두 번째 열부터 대각선 방향으로 드래그한 후 왼쪽 메뉴에서 글꼴, 크기 등을 설정합니다. 바깥쪽 테두리의 두께를 설정하기 위해 셀 전체를 드래그하고 왼쪽 메뉴에서 셀 테두리의 버튼을 클릭한 후 두께를 '12'로 설정합니다.

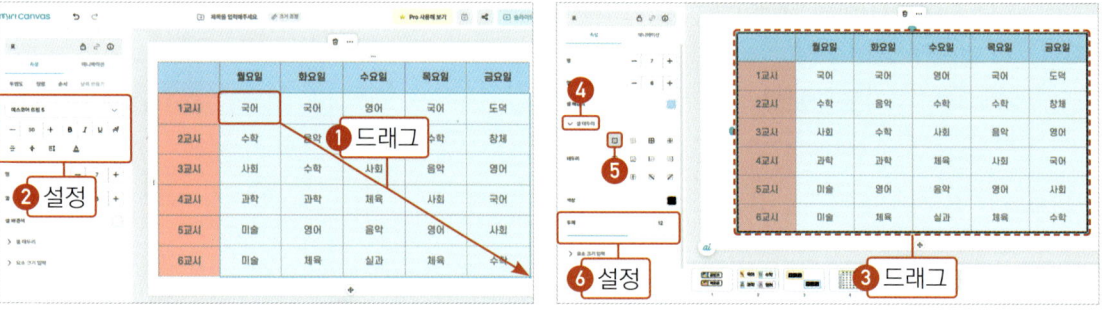

06 배경이 투명한 이미지 파일로 저장하기 위해 오른쪽 상단의 다운로드 버튼을 클릭하고 파일 형식은 [PNG]를 선택한 후 '투명한 배경'에 체크합니다. 작업한 페이지를 선택하고 빠른 다운로드 버튼을 클릭하여 다운로드합니다.

학급명단표 만들기

학급명단표를 만들어 보며 프레임에 사진을 넣는 방법, 일러스트 요소를 활용하는 방법, 사진의 배경을 지우는 방법 등을 알아보겠습니다.

미리보기

- **사용 템플릿**: 초록색과 하늘색의 유치원 일러스트 컨셉
- **작업 사이즈**: 1920 × 1080 px
- **파일 형식**: PNG

프레임 요소를 활용한 학급명단표 만들기

프레임 요소를 활용해 귀여운 디자인의 학급명단표를 만들어 보겠습니다.

01 워크스페이스 화면 오른쪽 상단의 새 디자인 만들기 버튼을 클릭하고 [프레젠테이션(1920 × 1080 px)]을 선택합니다.

02 검색창에 '유치원'을 검색하고 다양한 템플릿을 보기 위해 [모든 템플릿]을 선택한 후 마음에 드는 템플릿을 클릭합니다.

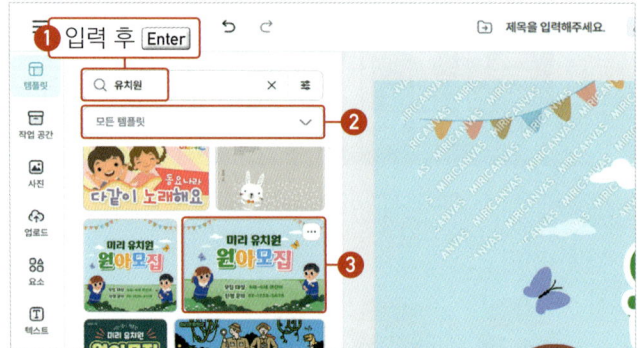

03 템플릿에서 필요 없는 요소를 삭제하고 텍스트의 내용이나 색상 등을 원하는 대로 변경합니다.

04 왼쪽 메뉴의 [요소]-[도형] 탭을 클릭한 후 '기본 도형' 카테고리에서 사각형을 선택하고 도형의 크기와 위치를 조절합니다.

05 왼쪽 메뉴에서 사각형의 색상을 '흰색', 둥근 모서리를 '20'으로 설정합니다. 템플릿 배경의 디자인이 살짝 보이도록 [투명도]를 클릭해 '71%'로 설정합니다.

 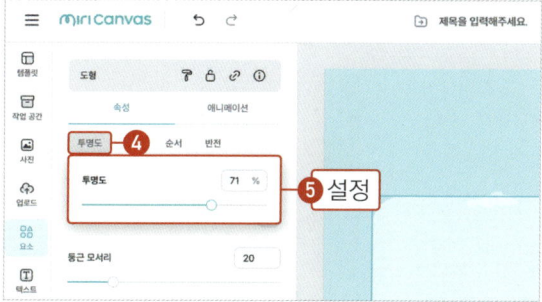

06 이어서 [요소] – [프레임] 탭을 클릭해 '외곽선 프레임'에 있는 두 번째 프레임을 선택한 후 크기와 위치를 조절합니다.

Chapter 05 수업할 때 유용한 콘텐츠 만들기　177

07 프레임 밑에 이름을 넣기 위해 [텍스트]-[제목 텍스트 추가 +]를 클릭한 후 텍스트의 내용을 수정하고 크기와 위치를 적절히 조절합니다.

08 프레임과 텍스트를 Shift 를 누른 채 클릭해 함께 선택하고 상단의 버튼을 클릭합니다. 그리고 Alt 를 누른 상태에서 그룹화한 요소를 오른쪽으로 네 번 드래그합니다.

09 복사한 그룹 요소를 각각 Shift 를 누른 채 클릭해 중복 선택하고 왼쪽 메뉴의 [정렬] - [가로 간격 맞추기]를 클릭해 정렬합니다. 그리고 Alt 를 누른 상태에서 아래로 드래그하여 그림과 같이 복사합니다.

10 프레임 요소에 사진을 추가하기 위해 [업로드]를 클릭하고 업로드 버튼을 클릭합니다. 프레임에 추가할 사진을 Shift 를 누른 채 모두 선택한 후 열기 버튼을 클릭합니다.

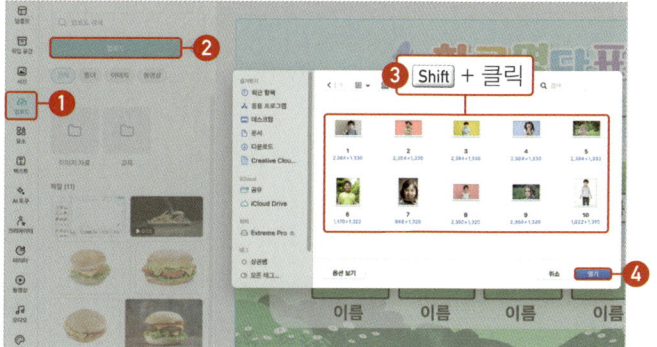

11 업로드한 사진을 클릭해 작업 화면에 적용한 후 프레임으로 드래그합니다. 프레임을 더블 클릭해 인물이 정가운데 오도록 사진의 크기와 위치를 조절하고 ✓ 버튼을 클릭합니다.

12 나머지 프레임에도 **11**과 같은 방법으로 사진을 추가하면 학급명단표가 완성됩니다.

프레임과 일러스트 요소를 활용한 학급명단표 만들기

이번에는 프레임과 일러스트 요소를 활용해 학급명단표를 만들어 보겠습니다.

01 방금 전 작업한 페이지에 마우스를 올려놓고 […] 버튼을 클릭한 후 [페이지 복제]를 선택합니다. 복제한 페이지에서 필요 없는 요소를 삭제합니다.

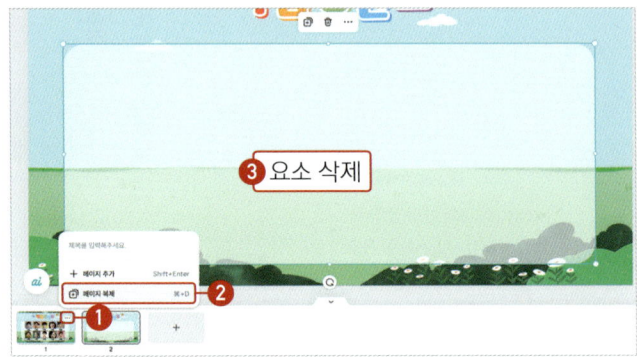

02 [요소]-[프레임] 탭을 클릭한 후 '기본 프레임' 카테고리에서 원형 프레임을 선택합니다.

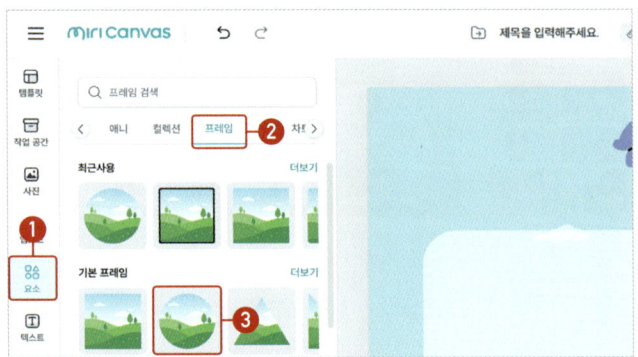

03 이어서 [요소]-[전체] 탭을 클릭하고 검색창에 '유치원 모자'를 검색한 후 마음에 드는 일러스트 요소를 클릭해 적용합니다.

04 원형 프레임과 일러스트 요소를 각각 [Shift]를 누른 채 클릭해 중복 선택하고 크기를 조절합니다. [요소] 메뉴에서 몸통으로 어울리는 일러스트 요소를 클릭해 적용합니다.

05 몸통 일러스트의 크기와 위치를 조절합니다. 원형 프레임과 모자 일러스트를 각각 [Shift]를 누른 채 클릭하여 중복 선택한 후 마우스 오른쪽 버튼 클릭 – [순서] – [맨 앞으로 가져오기]를 선택합니다.

06 모자 일러스트, 원형 프레임, 몸통 일러스트를 각각 [Shift]를 누른 채 클릭해 중복 선택하고 적절한 위치에 배치합니다.

07 중복 선택을 유지한 상태에서 Alt 를 누른 채 오른쪽으로 세 번 드래그하여 나열합니다.

08 [업로드] 메뉴에서 작업 화면에 추가할 사진을 클릭해 적용하고 원형 프레임으로 드래그합니다. 원형 프레임을 더블 클릭해 크기와 위치를 조절하고 ✓ 버튼을 클릭합니다.

09 나머지 프레임에도 **08**과 같은 방법으로 프레임에 사진을 추가하면 프레임과 일러스트 요소를 활용한 학급명단표가 완성됐습니다.

배경이 없는 사진으로 학급명단표 만들기

이번에는 사진의 배경을 지우는 방법을 알아보고 배경이 없는 사진으로 학급명단표를 만들어 보겠습니다.

01 먼저 사진의 배경을 무료로 지워주는 '리무브비지(remove.bg)' 사이트에 접속한 후 Upload Image 버튼을 클릭합니다.

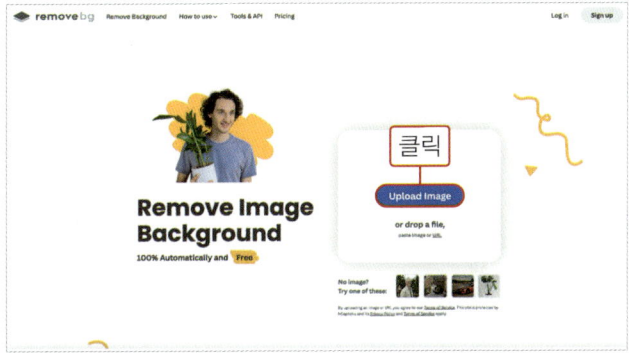

02 배경을 지우고 싶은 사진을 선택하고 열기 버튼을 클릭합니다.

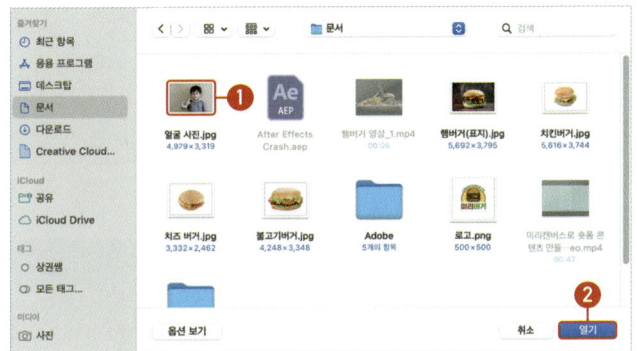

03 조금 기다리면 배경이 제거된 사진이 나타납니다. Download 버튼을 클릭해 사진을 다운로드합니다.

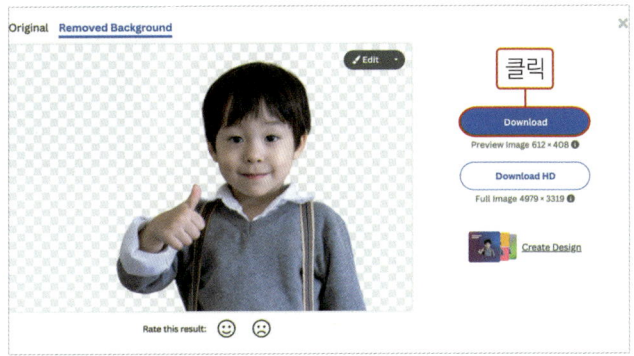

> **Tip** 리무브비지(remove.bg) 사이트는 회원가입하지 않고 무료로 사용할 수 있습니다. 배경을 지우는 데 횟수 제한이 없으며, 사진의 배경이 단순할수록 깔끔하게 지울 수 있습니다.

04 다시 미리캔버스로 돌아와 페이지 목록에서 방금 전 작업한 페이지에 마우스를 올리고 […] 버튼 – [페이지 복제]를 선택합니다. 복제한 페이지에서 프레임 요소를 모두 삭제합니다.

05 배경을 제거한 사진을 업로드하기 위해 [업로드] 메뉴의 업로드 버튼을 클릭한 후 배경을 제거한 사진을 선택하고 열기 버튼을 클릭합니다.

06 업로드한 사진을 작업 화면에 적용하고 사진을 더블 클릭해 크기와 위치를 조절한 후 ✓ 버튼을 클릭합니다.

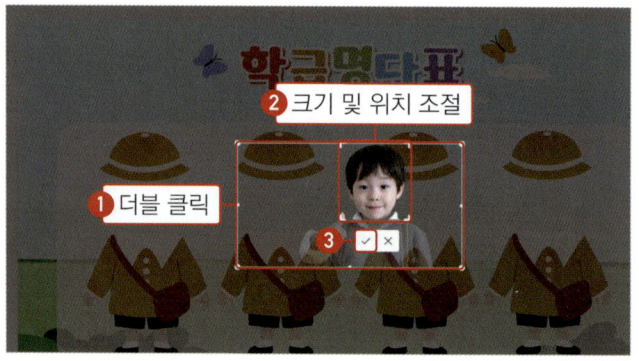

07 왼쪽 메뉴의 '그라데이션 마스크'를 활성화하고 마스크의 타입을 '원형', 범위를 '0%'로 설정합니다. 작업 화면에서 모자 일러스트와 몸통 일러스트 요소를 Shift 를 누른 채 마우스 오른쪽 버튼으로 클릭해 중복 선택하고 [순서] - [맨 앞으로 가져오기]를 클릭합니다.

08 배경을 제거한 사진을 나머지 요소에도 추가한 후 06~07과 같은 방법으로 작업하면 학급명단표가 완성됩니다.

09 오른쪽 상단의 다운로드 버튼을 클릭하고 파일 형식은 [PNG]를 선택한 후 빠른 다운로드 버튼을 클릭해 다운로드합니다.

실루엣 퀴즈 PPT 만들기

미리캔버스의 프레젠테이션 템플릿과 '색상 채우기' 기능을 활용해 재미있는 실루엣 퀴즈 PPT를 만들어 보겠습니다.

미리보기

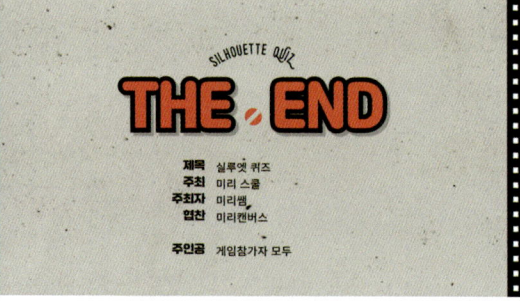

- **사용 템플릿**: 주황색과 갈색의 귀여운 초성 게임 퀴즈 워크샵 ppt
- **작업 사이즈**: 1920 x 1080 px
- **파일 형식**: PPTX

템플릿을 활용한 실루엣 퀴즈 PPT 만들기

미리캔버스의 프레젠테이션 템플릿을 활용해 실루엣 퀴즈 PPT를 만들어 보겠습니다.

01 워크스페이스 화면 오른쪽 상단의 [새 디자인 만들기] 버튼을 클릭한 후 [프레젠테이션(1920 × 1080 px)]을 선택합니다.

02 검색창에 '퀴즈'를 입력한 후 Enter 를 누르고 여러 가지 템플릿 중 마음에 드는 것을 클릭합니다.

03 왼쪽 상단의 [이 템플릿으로 덮어쓰기] 버튼을 클릭해 템플릿 전체를 작업 화면에 적용합니다.

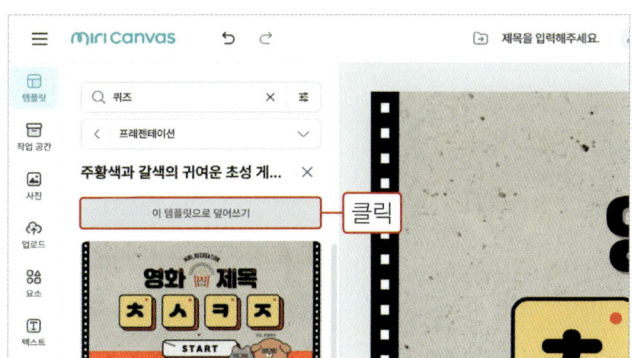

04 하단의 페이지 목록에서 필요 없는 페이지를 삭제합니다. 예제에서는 1번, 3번, 4번, 11번 페이지를 제외한 나머지 페이지를 삭제하겠습니다.

> **Tip** 페이지 목록에서 떨어져 있는 페이지를 한 번에 선택해 삭제하고 싶다면 Ctrl 을 누른 상태에서 각각의 페이지를 클릭하여 중복 선택한 후 Delete 를 눌러 삭제합니다.

05 첫 번째 표지 페이지에서 필요 없는 요소를 삭제하고 텍스트의 내용이나 색상을 수정합니다.

06 두 번째 페이지에서도 필요 없는 텍스트를 삭제합니다.

색상 채우기 기능 활용하기

이어서 '색상 채우기' 기능을 활용해 실루엣 퀴즈를 만들어 보겠습니다.

01 먼저 '비트맵' 유형의 일러스트 요소를 검색하기 위해 왼쪽 메뉴에서 [요소] - [일러스트] 탭을 클릭합니다. 그리고 버튼을 클릭해 유형을 '비트맵'으로 선택한 후 필터 적용 버튼을 클릭합니다.

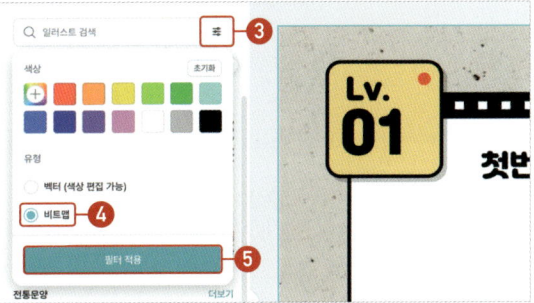

02 검색창에 '과일'을 검색하고 마음에 드는 요소를 선택합니다. 다른 검색어를 입력해도 좋습니다.

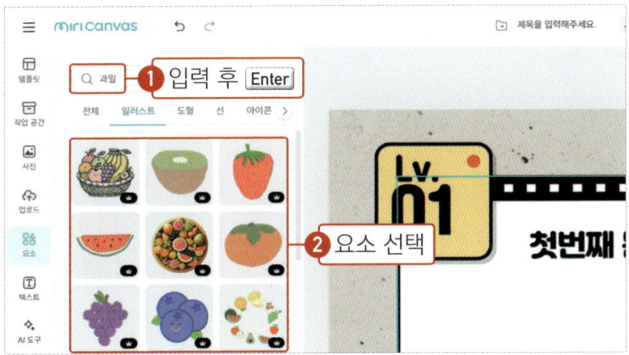

03 작업 화면에서 적용한 요소의 크기와 위치를 조절하고 왼쪽 메뉴에서 '색상 채우기'를 활성화합니다. 일러스트 요소가 실루엣처럼 변경됩니다.

04 세 번째 페이지로 넘어가 텍스트를 수정하고 **02**에서 선택한 일러스트 요소를 다시 선택해 크기와 위치를 조절합니다.

05 하단의 페이지 목록에서 두 번째 페이지를 클릭하고 Shift 를 누른 상태에서 세 번째 페이지를 클릭한 후 […] 버튼 – [2 페이지 복제]를 선택합니다.

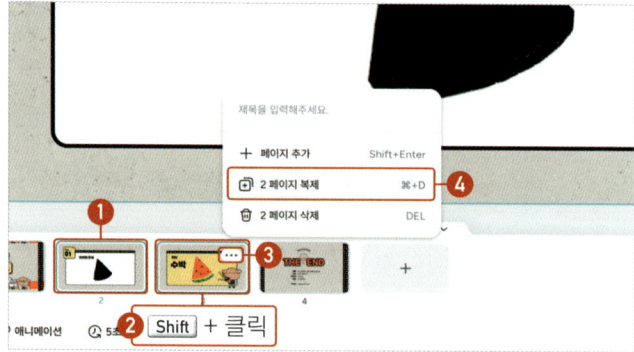

06 네 번째 페이지에서 텍스트를 수정하고 필요 없는 요소를 삭제합니다.

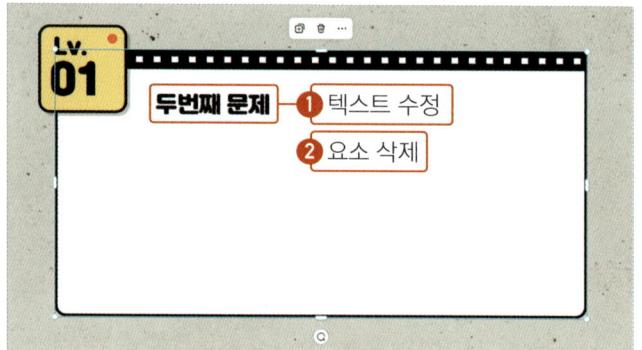

07 다시 [요소]를 클릭하고 실루엣 퀴즈로 내고 싶은 일러스트 요소를 선택해 작업 화면에 적용합니다.

08 적용한 요소의 크기와 위치를 조절하고 왼쪽 메뉴에서 '색상 채우기'를 활성화합니다. 일러스트 요소가 실루엣처럼 변경됩니다.

09 다섯 번째 페이지로 넘어가 텍스트를 수정하고 **07**에서 선택한 일러스트 요소를 다시 선택해 크기와 위치를 조절합니다.

요소별 애니메이션 적용하기

슬라이드를 넘겨 정답을 확인할 때 애니메이션 효과가 있으면 훨씬 역동적으로 보이기 때문에 요소마다 애니메이션을 적용해 보겠습니다.

01 두 번째 페이지의 일러스트 요소에 애니메이션을 적용하기 위해 일러스트 요소를 클릭하고 [애니메이션] 탭을 클릭한 후 적용하고 싶은 애니메이션을 선택합니다.

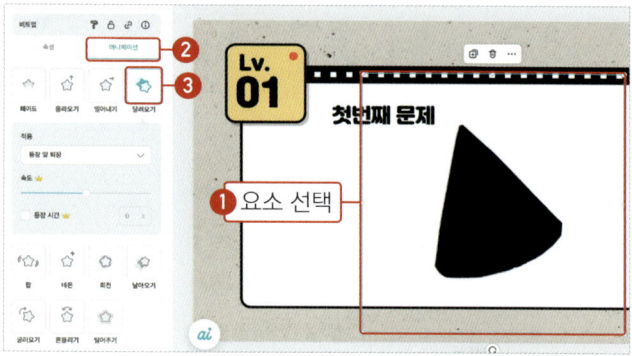

02 세 번째 페이지의 일러스트 요소와 텍스트에도 **01**과 동일한 방법으로 애니메이션을 적용합니다.

03 네 번째, 다섯 번째 페이지의 일러스트 요소와 텍스트에도 같은 방법으로 애니메이션을 적용해 봅니다.

04 마지막 여섯 번째 페이지에서 필요 없는 요소를 삭제하고 텍스트를 수정합니다.

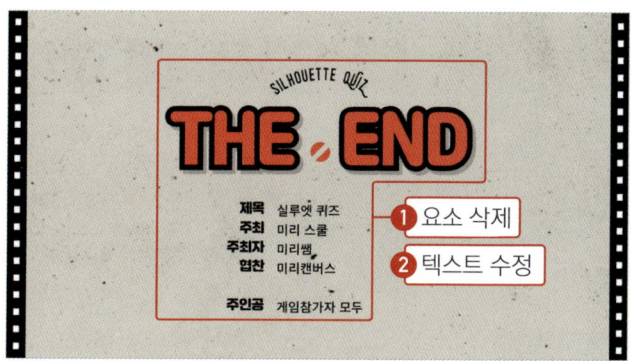

05 오른쪽 상단의 [슬라이드쇼] 버튼을 클릭하면 슬라이드가 전체 화면으로 전환됩니다. 화면을 클릭해 슬라이드를 확인한 후 Esc 를 눌러 슬라이드쇼를 종료합니다.

06 오른쪽 상단의 [다운로드] 버튼을 클릭하고 파일 형식을 [PPTX]로 선택한 후 PPT 옵션을 [텍스트 편집 가능]으로 선택합니다. [다운로드] 버튼을 클릭하면 컴퓨터에 저장됩니다.

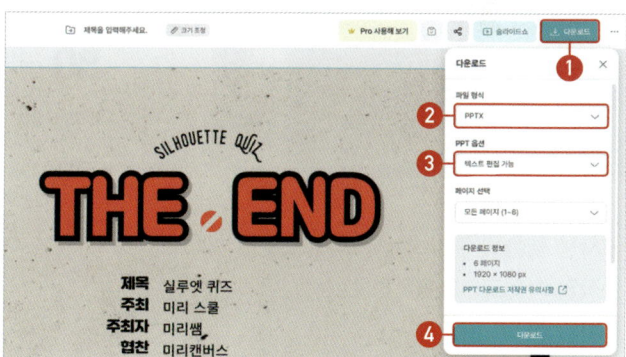

Step 04 · 골든벨 퀴즈 PPT 만들기

이번에는 미리캔버스의 프레젠테이션 템플릿과 '링크' 기능을 활용해 문제 번호를 선택하면 질문 페이지로 넘어가는 골든벨 퀴즈 PPT를 만들어 보겠습니다.

미리보기

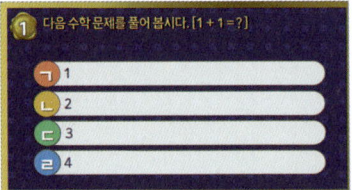

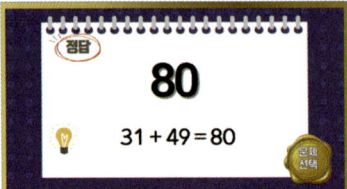

- 사용 템플릿: 블루와 골드 골든벨 컨셉의 교육 퀴즈
- 작업 사이즈: 1920 × 1080 px
- 파일 형식: PPTX

템플릿을 활용한 골든벨 퀴즈 PPT 만들기

미리캔버스의 프리젠테이션 템플릿을 활용해 골든벨 퀴즈 PPT를 만들어 봅니다.

01 워크스페이스 화면 오른쪽 상단의 새 디자인 만들기 버튼을 클릭한 후 [프레젠테이션(1920 × 1080 px)]을 선택합니다.

02 검색창에 '골든벨'을 입력한 후 Enter 를 눌러 마음에 드는 템플릿을 클릭합니다. 이 템플릿으로 덮어쓰기 버튼을 클릭하여 작업 화면에 적용합니다.

 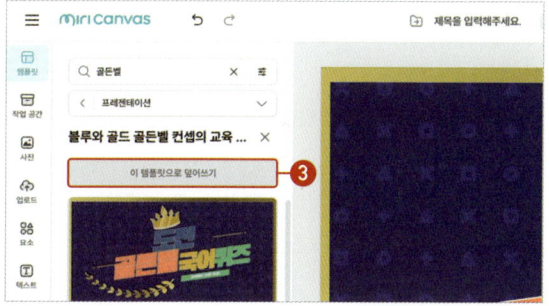

03 첫 번째 표지 페이지의 텍스트 내용을 수정합니다.

Chapter 05 수업할 때 유용한 콘텐츠 만들기 195

04 표지 페이지에 마우스 커서를 올리고 [⋯] 버튼 – [페이지 복제]를 클릭합니다. 복제한 페이지에서 배경을 제외한 나머지 요소를 모두 삭제합니다.

05 세 번째 페이지로 넘어가 왼쪽 상단의 요소를 Shift 를 누른 채 마우스 오른쪽 버튼으로 클릭해 중복 선택하고 [복사]를 선택합니다.

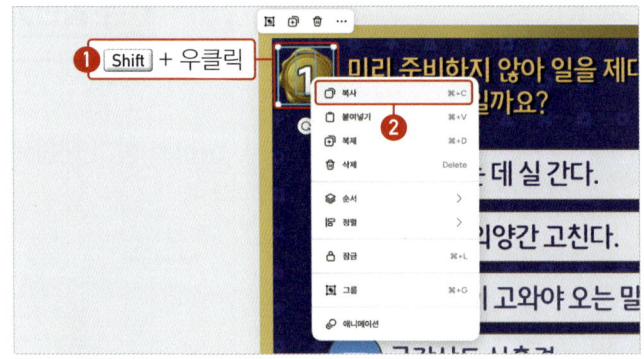

06 다시 두 번째 페이지로 돌아와 작업 화면을 마우스 오른쪽 버튼으로 클릭하고 [붙여넣기]를 선택합니다.

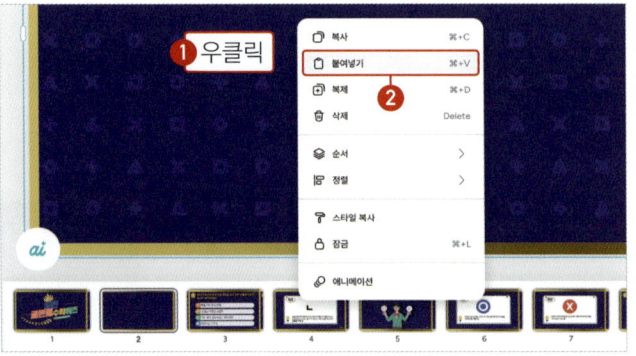

07 붙여넣은 요소의 크기와 위치를 조절하고 상단의 [🖼️] 버튼을 클릭해 그룹화합니다. 그리고 [Alt]를 누른 상태에서 그룹 요소를 오른쪽으로 두 번 드래그하여 복제합니다.

 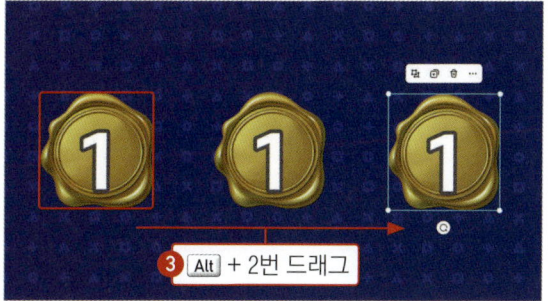

08 숫자 텍스트를 더블 클릭해 수정한 후 표지 페이지의 '골든벨' 텍스트를 복사하여 붙여넣고 내용과 스타일을 수정합니다. 오른쪽 하단에도 텍스트를 복사하여 붙여넣고 내용과 스타일을 수정합니다.

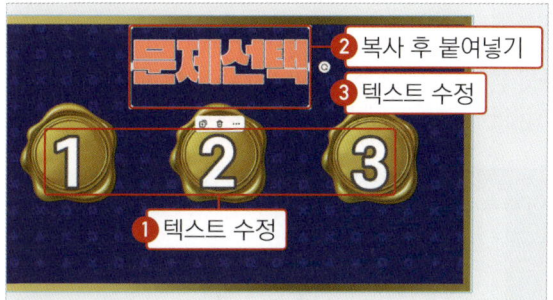 

09 세 번째 페이지로 넘어가 골든벨 수학 퀴즈의 문제 내용으로 텍스트를 수정합니다.

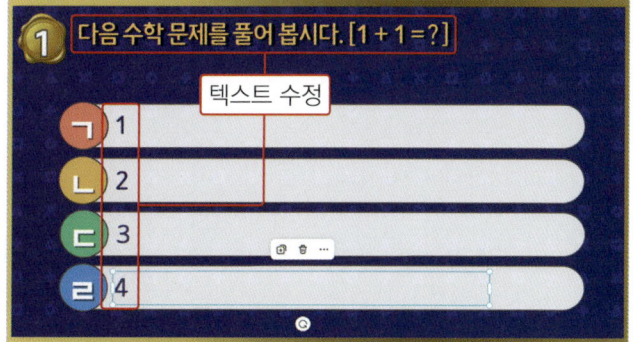

10 네 번째 페이지로 넘어가 미지원 요소를 삭제합니다. 왼쪽의 [요소] 메뉴를 클릭하고 검색창에 '스케치북'을 검색해 대체할 요소를 선택합니다.

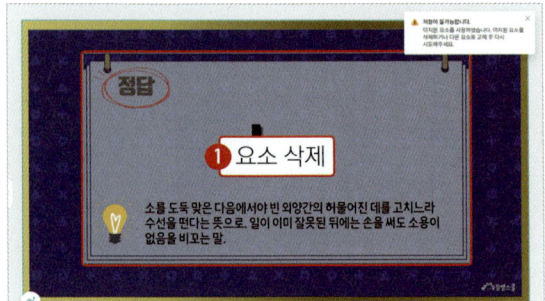 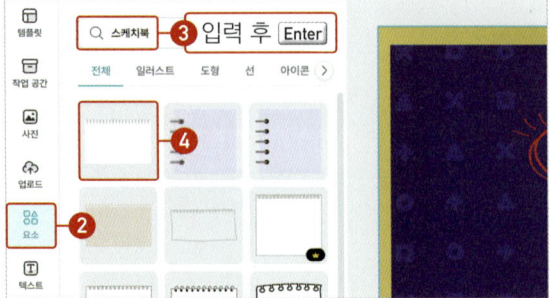

Tip 템플릿에 라이선스 계약 종료로 더 이상 사용하지 못하는 '미지원 요소'가 포함되어 있는 경우 작업물을 저장하거나 다운로드할 수 없기 때문에 해당 요소를 삭제하거나 다른 요소로 대체하여 사용해야 합니다.

11 요소의 크기와 위치를 조절하고 Ctrl +] 를 여섯 번 눌러 텍스트가 보이게 수정합니다. 그리고 골든벨 수학 퀴즈 문제의 정답으로 텍스트를 수정합니다.

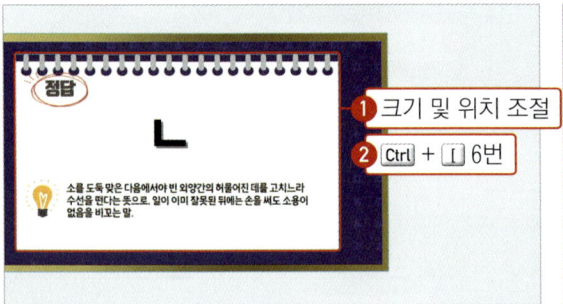 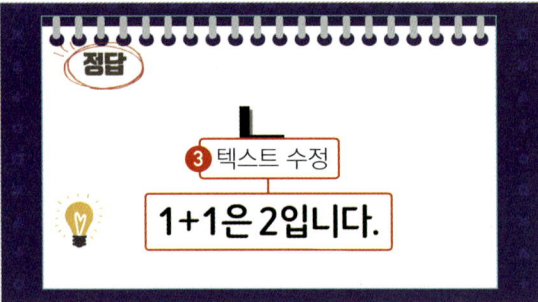

12 문제 선택 페이지로 이동하는 버튼을 만들기 위해 두 번째 페이지의 버튼 요소를 Shift 를 누른 채 마우스 오른쪽 버튼으로 클릭해 중복 선택하고 [복사]를 선택합니다.

13 다시 네 번째 페이지로 돌아와 작업 화면을 마우스 오른쪽 버튼으로 클릭하고 [붙여넣기]를 선택합니다. 요소의 크기와 위치를 조절하고 텍스트를 수정합니다.

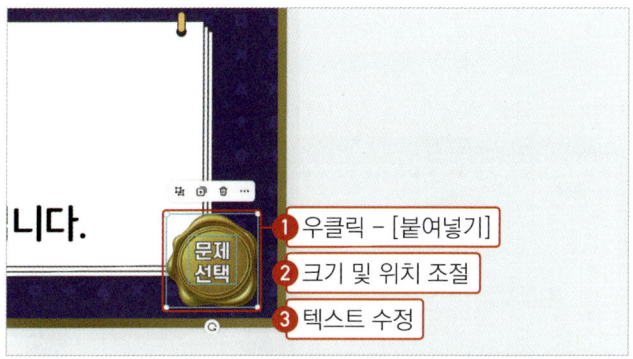

14 다섯 번째 페이지의 텍스트를 골든 벨 수학 퀴즈의 문제 내용으로 수정합니다. 하단의 페이지 목록에서 사용하지 않을 6번 페이지는 삭제하겠습니다.

15 여섯 번째 페이지에서 미지원 요소를 삭제합니다. 왼쪽의 [요소] 메뉴를 클릭하고 **10**에서 적용한 스케치북 요소를 선택하여 적용합니다.

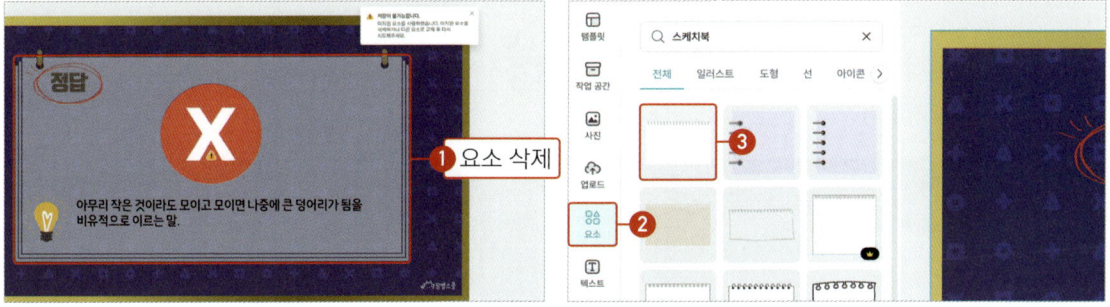

16 요소의 크기와 위치를 조절하고 Ctrl + 1 를 여섯 번 눌러 텍스트가 보이게 수정합니다. 그리고 골든벨 수학 퀴즈 문제의 정답으로 텍스트를 수정합니다.

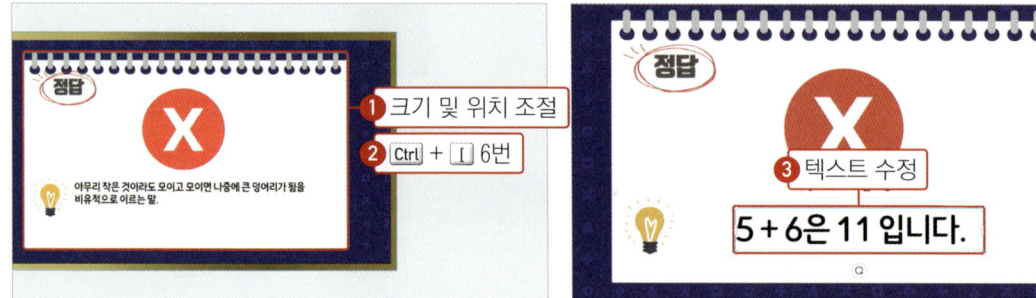

17 네 번째 페이지로 넘어가 13에서 만든 버튼 요소를 Shift 를 누른 채 마우스 오른쪽 버튼으로 클릭해 중복 선택하고 [복사]를 선택합니다. 다시 작업 페이지로 돌아와 마우스 오른쪽 버튼 클릭 – [붙여넣기]를 선택한 후 크기와 위치를 조절합니다.

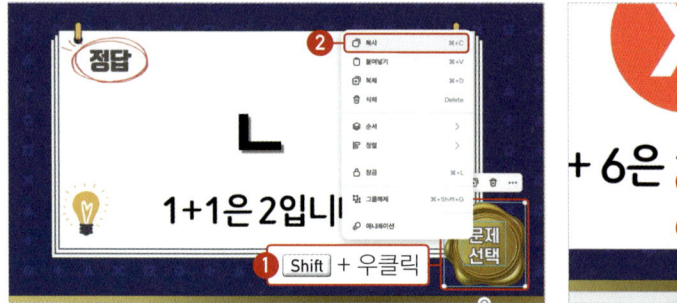 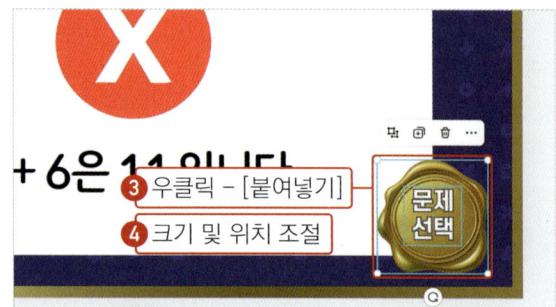

18 일곱 번째, 여덟 번째 페이지도 텍스트의 내용을 수정하고 17과 같은 방법으로 버튼 요소를 복사하여 붙여넣기합니다.

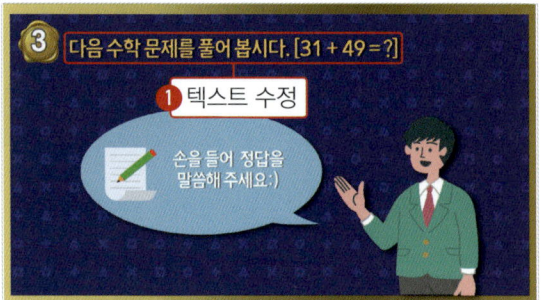 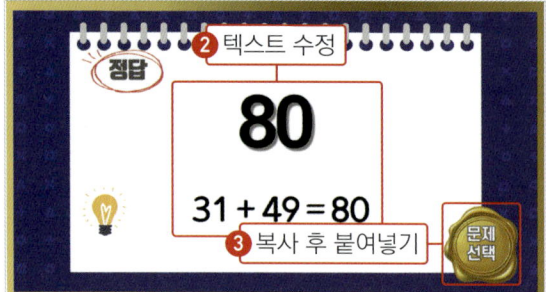

링크 기능 활용하기

'링크' 기능을 활용해 만들어 놓은 버튼 요소에 해당되는 페이지를 링크로 연결하겠습니다.

01 두 번째 페이지에서 ①번 버튼 요소를 Shift 를 누른 채 클릭해 중복 선택하고 왼쪽 상단의 🔗 버튼을 클릭한 후 '링크'를 활성화합니다. [페이지 이동]과 [3 페이지]를 선택한 후 적용 버튼을 클릭합니다.

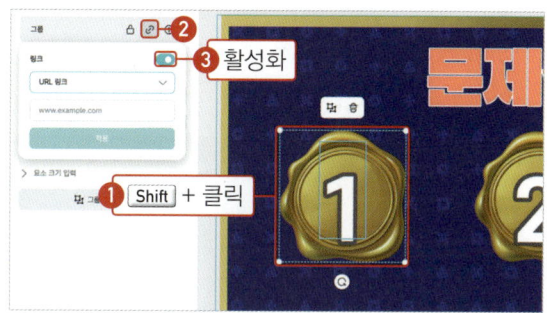 

02 01과 같은 방법으로 ②번 버튼 요소에는 '5 페이지'를, ③번 버튼 요소에는 '7 페이지'를 연결합니다.

 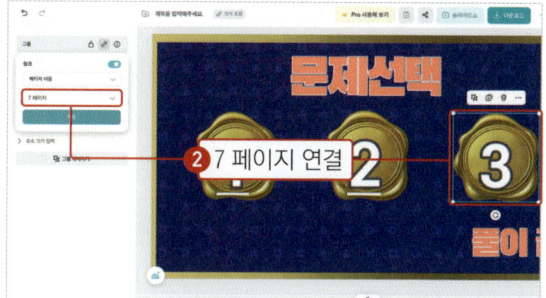

03 오른쪽 하단의 '풀이 끝' 텍스트에는 마지막 '9 페이지'를 연결합니다.

04 네 번째, 여섯 번째, 여덟 번째 페이지의 '문제 선택' 버튼에도 같은 방법으로 '2 페이지'를 연결합니다.

05 마지막으로 아홉 번째 페이지의 텍스트와 요소를 원하는 대로 수정하면 골든벨 퀴즈 PPT가 완성됩니다.

06 작업한 내용을 확인하기 위해 오른쪽 상단의 [슬라이드쇼] 버튼을 클릭합니다. 슬라이드가 전체 화면으로 전환됩니다.

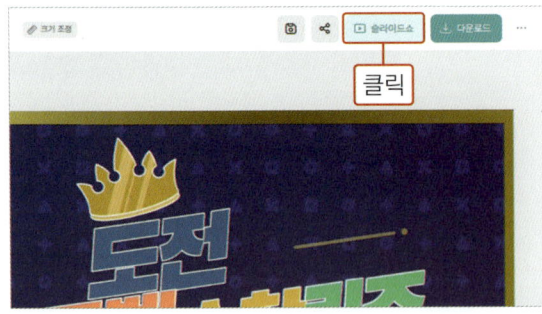

07 문제 선택 페이지에서 1번 버튼을 클릭해 세 번째 페이지로 넘어가는지 확인해 봅니다.

 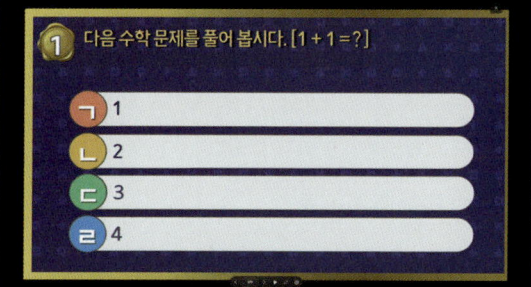

08 다른 링크도 잘 연결되어 있는지 버튼을 클릭해 확인한 후 Esc 를 눌러 슬라이드쇼를 종료합니다.

09 오른쪽 상단의 다운로드 버튼을 클릭하고 파일 형식을 [PPTX]로 선택한 후 PPT 옵션을 [텍스트 편집 가능]으로 선택합니다. 다운로드 버튼을 클릭하면 컴퓨터에 저장됩니다.

Appendix
미리캔버스
완벽 마스터하기

미리캔버스를 완벽하게 마스터할 수 있도록 미리캔버스의 단축키와 사용 꿀팁에 대해 알아보고, 작업할 때 참고할 수 있는 디자인 사이트를 살펴보겠습니다.

01 미리캔버스 단축키
02 드라이브 폴더 정리하기
03 워크스페이스에 초대하기
04 함께 디자인 작업하기
05 디자인 참고 사이트

Step 01 미리캔버스 단축키

윈도우(Windows)를 기준으로 활용도가 높은 미리캔버스의 단축키를 알아보겠습니다.
아래에서 소개하는 단축키만 기억해 두어도 작업 속도를 월등히 높일 수 있습니다.

일반 단축키

- `Ctrl`+`S` 저장하기
- `Ctrl`+`C` 복사하기
- `Ctrl`+`V` 붙여넣기
- `Ctrl`+`X` 잘라내기
- `Ctrl`+`Z` 실행 취소
- `Ctrl`+`Shift`+`Z` 재실행
- `Ctrl`+`A` 전체 선택

화면 단축키

- `Ctrl`+`+` 화면 확대하기
- `Ctrl`+`-` 화면 축소하기
- `Ctrl`+`0` 화면 자동 맞춤
- `Ctrl`+`Shift`+`Y` 레이어 활성화하기
- `Ctrl`+`Alt`+`Y` 눈금자 보기
- `Space Bar`+드래그 작업 화면 이동
- `Page up` 이전 페이지로 이동
- `Page down` 다음 페이지로 이동

요소 편집 단축키

- `Ctrl`+`L` 요소 잠금
- `Ctrl`+`D` 요소 복제하기
- `Delete` 요소 삭제하기
- `Shift`+요소 선택 요소 다중 선택하기
- `Ctrl`+`G` 그룹 만들기
- `Ctrl`+`Shift`+`G` 그룹 해제하기
- `Shift`+크기 조절 크기 자유롭게 조절하기
- `Page up` 1 px 이동
- `Shift`+`←`, `↑`, `↓`, `→` 10 px 이동
- `Ctrl`+`Shift`+`]` 맨 앞으로 가져오기
- `Ctrl`+`Shift`+`[` 맨 뒤로 보내기
- `Ctrl`+`]` 앞으로 가져오기
- `Ctrl`+`[` 뒤로 보내기

텍스트 편집 단축키

- `Shift`+`T` 텍스트 추가하기
- `Ctrl`+`B` 굵게
- `Ctrl`+`I` 기울임
- `Ctrl`+`U` 밑줄
- `Ctrl`+`Alt`+`C` 텍스트 여백 맞추기
- `Ctrl`+`Shift`+`K` 대문자로 변환하기
- `Ctrl`+`F` 텍스트 찾기

· Step ·

드라이브 폴더 정리하기

'내 드라이브'에 있는 자료를 폴더별로 정리해 놓으면 효율적으로 작업할 수 있어 편리합니다. 지금부터 미리캔버스의 드라이브 폴더 정리 방법을 알아보겠습니다.

1. 워크스페이스 화면에서 [작업 공간]-[내 드라이브]를 클릭합니다.

2. 오른쪽 상단의 버튼을 클릭한 후 폴더 이름을 입력하고 만들기 버튼을 클릭합니다.

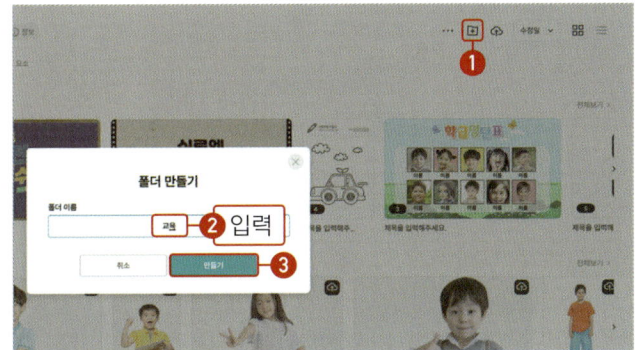

3. 폴더가 새롭게 생성된 것을 확인할 수 있습니다.

4 [디자인] 탭을 클릭해 새로 만든 폴더로 이동할 자료를 선택한 후 상단의 ▣ 버튼을 클릭합니다. 방금 전에 생성한 폴더를 선택하고 이동 버튼을 클릭합니다.

5 다시 왼쪽 메뉴의 [내 드라이브]를 클릭한 후 새로 생성한 폴더를 클릭합니다. 자료가 폴더로 이동한 것을 확인할 수 있습니다.

6 미리캔버스에 업로드한 파일도 폴더별로 정리할 수 있습니다. 오른쪽 상단의 ▣ 버튼을 클릭하고 폴더 이름을 입력한 후 만들기 버튼을 클릭합니다.

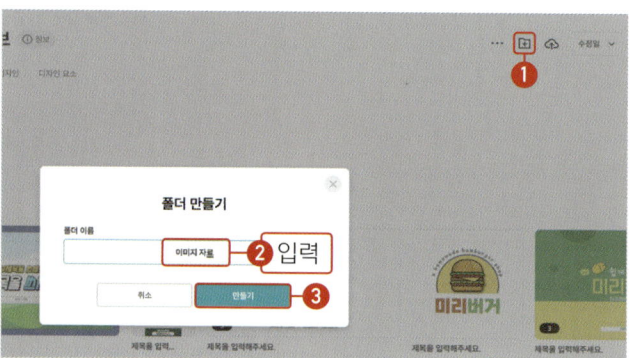

7 폴더가 새롭게 생성된 것을 확인할 수 있습니다.

8 [디자인 요소] 탭을 클릭해 새로 만든 폴더로 이동할 자료를 선택한 후 상단의 📁 버튼을 클릭합니다. 방금 전에 생성한 폴더를 선택하고 이동 버튼을 클릭합니다.

9 왼쪽의 [내 드라이브]를 클릭하고 새로 생성한 폴더를 클릭합니다. 자료가 폴더로 이동한 것을 확인할 수 있습니다.

워크스페이스에 초대하기

미리캔버스의 '멤버 초대' 기능으로 워크스페이스에 다른 사람을 초대하여 디자인 작업을 공유할 수 있습니다. 지금부터 워크스페이스에 초대하는 방법을 알아볼까요?

1 왼쪽 메뉴에서 [사람들]을 클릭합니다. 오른쪽 상단의 멤버 초대 버튼을 클릭해 멤버로 초대할 사람의 메일 주소를 입력하고 역할을 선택한 후 초대하기 버튼을 클릭합니다. 남은 시트 수보다 많은 멤버를 초대할 경우 요금이 추가로 청구될 수 있으니 참고합니다.

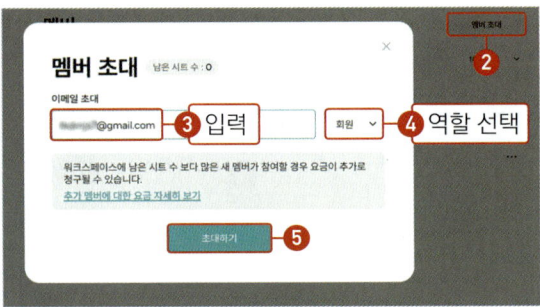

> **알아두기**
> 요금제별로 멤버의 역할이 달라집니다. 무료 요금제의 경우 멤버의 역할이 '관리자', '회원'으로 제한되어 있으며 그 외 요금제의 경우 '관리자', '디자이너', '회원'으로 구분됩니다.
> - **관리자**: 디자이너의 모든 권한과 함께 팀 멤버를 관리하고 공유 드라이브를 만들 수 있습니다.
> - **디자이너**: 회원의 모든 권한과 함께 브랜드 키트를 관리하고 템플릿을 만들 수 있습니다.
> - **회원**: 디자인을 만들고 공유할 수 있습니다.

2 초대받은 멤버가 초대장의 초대 수락하기 버튼을 클릭하면 워크스페이스에 참여할 수 있습니다. 미리캔버스 가입 여부에 상관없이 멤버로 초대할 수 있으니 참고하세요.

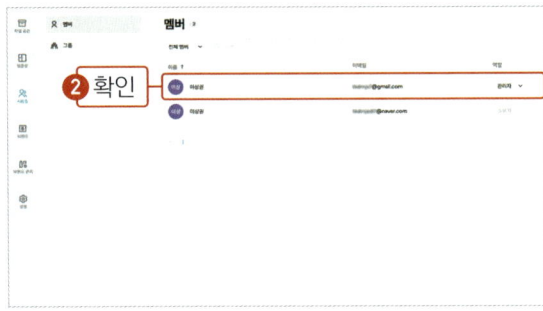

Step 04 · 함께 디자인 작업하기

미리캔버스의 '사용자 초대' 기능으로 작업하고 있는 디자인을 다른 멤버에게 공유할 수 있습니다. 같은 워크스페이스에 속해 있는 멤버를 초대해 함께 작업해 볼까요?

1 작업 화면 오른쪽 상단의 버튼을 클릭합니다. '웹 게시 및 공유' 창이 나타나면 [사용자 초대] 탭을 클릭합니다.

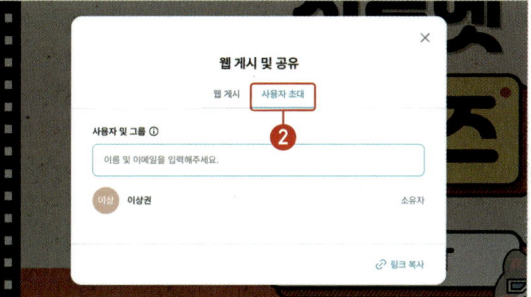

2 사용자 및 그룹 입력란에 이름이나 이메일을 입력한 후 사용자의 역할을 선택하고 초대하기 버튼을 클릭합니다. 초대받은 멤버는 설정된 역할에 따라 디자인 작업에 참여할 수 있습니다.

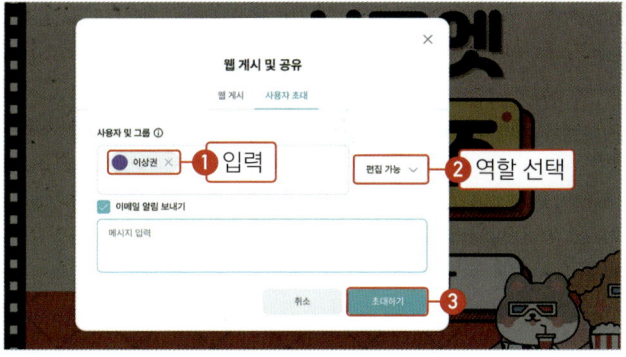

알아두기
- **편집 가능**: 디자인을 편집할 수 있습니다.
- **피드백 가능**: 디자인에 피드백을 남길 수 있습니다.
- **보기 가능**: 디자인을 볼 수 있습니다.

Appendix 미리캔버스 완벽 마스터하기

Step 05 디자인 참고 사이트

디자인 작업에 유용한 사이트를 소개합니다. 아래 소개한 사이트를 이용하면 조금 더 다채로운 디자인 작업을 할 수 있습니다.

픽사베이(Pixabay)

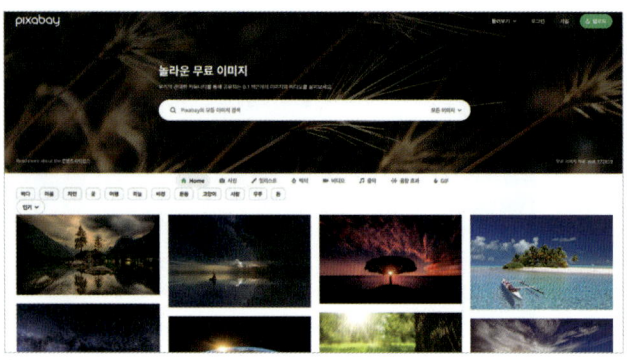

▲ 픽사베이(pixabay.com)

픽사베이는 고화질의 사진과 동영상 파일을 무료로 다운로드할 수 있는 플랫폼입니다. 저작권으로부터 자유로운 다양한 주제의 사진과 동영상을 여러 용도로 활용할 수 있습니다.

플래티콘(Flaticon)

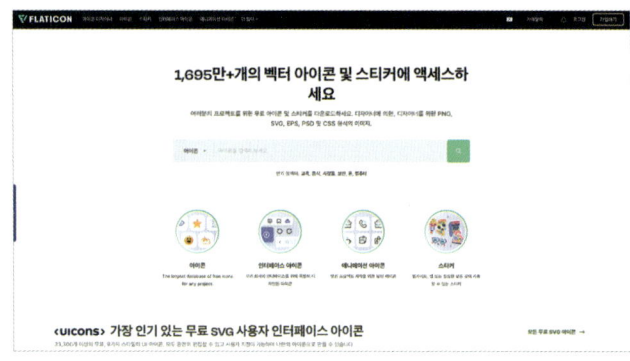

▲ 플래티콘(flaticon.com)

플래티콘은 수백만 개의 아이콘과 벡터 그래픽을 무료로 다운로드할 수 있는 플랫폼입니다. 다양한 스타일의 아이콘을 쉽게 검색할 수 있고, 다운로드한 파일은 상업적으로 사용할 수 있습니다.

캡컷(Capcut)

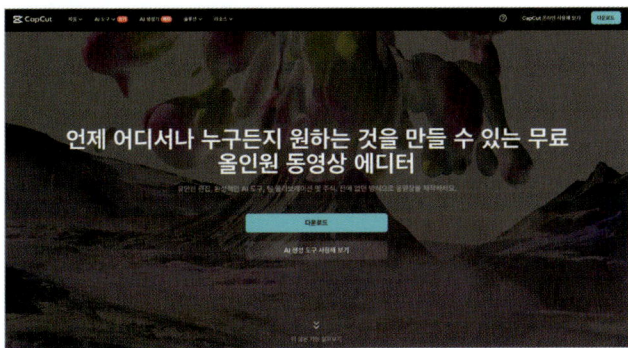

▲ 캡컷(capcut.com)

캡컷은 동영상 편집 프로그램으로 컴퓨터와 모바일 모두 무료로 사용할 수 있습니다. 다양한 편집 기능이 제공되어 이를 통해 나만의 창의적이고 독특한 동영상을 쉽게 만들 수 있습니다.

캔바(Canva)

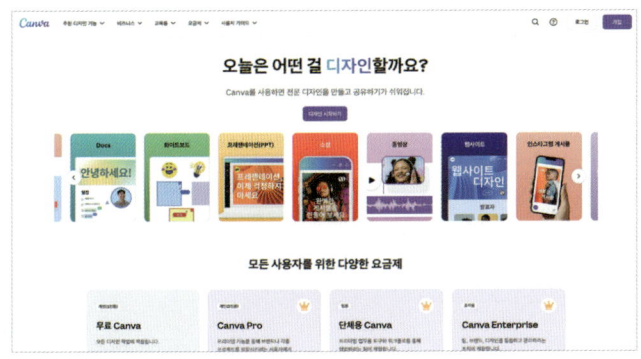

▲ 캔바(canva.com)

캔바는 미리캔버스와 비슷한 웹 기반의 디자인 플랫폼입니다. 다양한 템플릿과 편집 도구가 무료로 제공되어 비전문가도 전문적인 수준의 디자인을 할 수 있습니다.

픽슬러(Pixlr)

▲ 픽슬러(pixlr.com)

픽슬러는 무료로 사진을 편집할 수 있는 플랫폼으로 '인터넷의 포토샵'으로 알려져 있습니다. 픽슬러는 '픽슬러 X'와 '픽슬러 E'로 구분되어 있는데 '픽슬러 X'는 초보자들에게 적합하고, '픽슬러 E'는 조금 더 전문성 있게 편집하고 싶은 분들께 추천합니다.

MEMO

카드뉴스, 유튜브 쇼츠, 홍보 배너, PPT 템플릿을 한 번에!
미리캔버스로 완성하는 콘텐츠 디자인

초 판 2 쇄 발 행	2025년 07월 01일
초 판 발 행	2024년 10월 24일
발 행 인	박영일
책 임 편 집	이해욱
저 자	상권쌤
편 집 진 행	정민아
표 지 디 자 인	김지수
편 집 디 자 인	김세연
발 행 처	시대인
공 급 처	(주)시대고시기획
출 판 등 록	제 10-1521호
주 소	서울시 마포구 큰우물로 75 [도화동 538 성지 B/D] 6F
전 화	1600-3600
홈 페 이 지	www.sdedu.co.kr
I S B N	979-11-383-7988-5(13000)
정 가	18,000원

※이 책은 저작권법에 의해 보호를 받는 저작물이므로, 동영상 제작 및 무단전재와 복제, 상업적 이용을 금합니다.
※이 책의 전부 또는 일부 내용을 이용하려면 반드시 저작권자와 (주)시대고시기획·시대인의 동의를 받아야 합니다.
※잘못된 책은 구입하신 서점에서 바꾸어 드립니다.

시대인은 종합교육그룹 (주)시대고시기획·시대교육의 단행본 브랜드입니다.